INVENTAIRE
Ye 17,208

ENSEIGNEMENT MÉTHODIQUE

DE LA

VERSIFICATION FRANÇAISE,

AVEC DES SUJETS D'EXERCICES GRADUÉS,

PAR

M. l'abbé Auguste CARION.

Quatrième Édition.

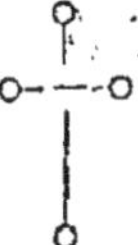

PARIS		TOURNAI
Librairie de P. Lethielleux,		Librairie de H. Casterman,
rue Bonaparte, 66.		rue aux Rats, 11.

H. CASTERMAN, LIBRAIRE-ÉDITEUR.

1859.

ENSEIGNEMENT MÉTHODIQUE

A L'USAGE DE LA JEUNESSE

ET

DES PERSONNES QUI VEULENT COMPLÉTER ELLES-MÊMES
LEUR INSTRUCTION.

VERSIFICATION FRANÇAISE.

ENSEIGNEMENT MÉTHODIQUE

DE LA

VERSIFICATION FRANÇAISE

AVEC DES SUJETS D'EXERCICES GRADUÉS,

PAR

M. l'abbé Auguste CARION.

Quatrième Édition.

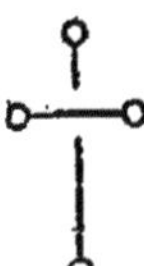

PARIS		TOURNAI
Librairie de P. Lethielleux,		Librairie de H. Casterman,
rue Bonaparte, 66.		rue aux Rats, 11

H. CASTERMAN, LIBRAIRE-ÉDITEUR.

—

1858.

1859

BIBLIOTHÈQUE IMPÉRIALE. IMPR.

ENSEIGNEMENT MÉTHODIQUE

DE LA

VERSIFICATION FRANÇAISE

DE L'ÉTUDE DE LA VERSIFICATION.

SON UTILITÉ, — SES AGRÉMENTS.

Les anciens Romains, pendant la paix, s'exerçaient à porter une charge double de celle qui les attendait à la guerre ; de cette façon, lorsqu'ils entraient en campagne, c'était pour eux plutôt un temps de repos qu'un surcroît de fatigue. A leur exemple, celui qui veut réussir à écrire en prose avec aisance et facilité, fera bien de s'assujettir, dans ses essais de compositions littéraires, aux entraves de la versification. Cela est d'autant plus nécessaire, que les différentes mesures des vers français ne sont rien autre chose que les nombres reconnus pour être les plus harmonieux. Or, l'harmonie est aussi utile dans la prose que dans la poésie. Notre oreille, en effet, n'a pas une manière différente de sentir quand elle entend parler en prose ou lorsqu'on s'exprime en vers : seulement l'oreille est plus flattée par le vers , parce qu'il ajoute au charme du nombre toujours indispensable , les agréments de la rime et d'une cadence plus sentie.

La pensée que nous venons d'exprimer n'est pas neuve : c'est une vérité qu'un critique habile (1) a depuis longtemps prouvée, en citant à l'appui de son assertion, plusieurs modèles de prose oratoire, dont toutes les phrases se décomposent en membres formant autant de vers pour la mesure. En voici un exemple tiré d'un orateur qu'on n'accuse pas ordinairement de s'être préoccupé de la forme et des agréments du style : le morceau est de Bourdaloue ; c'est le début d'un sermon sur la résurrection de N. S. Il va sans dire qu'on doit lire comme on prononce ordinairement en prose , c'est-à-dire, sans faire entendre quelques finales muettes. On remarquera que la longueur des membres ne varie pas au hasard, mais qu'il y a une combinaison de mesure propre à ménager une cadence en harmonie avec la pensée. (2)

(1) L'abbé Batteux , dans son traité de la *Construction oratoire*.

(2) Bien que l'étude de l'action ou du débit oratoire soit du ressort de la rhétorique, on peut profiter de l'analyse

Surrexit non est hic : ecce locus ubi posuerunt eum.
Il est ressuscité, il n'est point ici : voilà le lieu où il fut déposé.

Ces paroles sont bien différentes de celles
que nous voyons communément gravées
sur le tombeau des hommes.

Quelque puissants qu'ils aient été,
à quoi se réduisent
ces magnifiques éloges
qu'on leur donne,
et que nous lisons
sur ces superbes mausolées
que leur érige la vanité humaine ?
A cette inscription :
Hic jacet.

Ce grand,
ce conquérant,
cet homme tant vanté dans le monde,
est ici couché sous la pierre
et enseveli dans la poussière
sans que tout son pouvoir
et toute sa grandeur
l'en puissent tirer.

Il en est bien autrement
à l'égard de Jésus-Christ.

de ce morceau pour se rendre compte des repos naturels
qui caractérisent un bon débit. Un diseur maladroit, en
chantant toutes les phrases selon la portée de son haleine,
sur un ton de convention, et tombant lourdement à chaque
point, est capable d'endormir des gens d'esprit, même en
récitant un chef-d'œuvre.

A peine est-il enfermé
dans le sein de la terre,
qu'il en sort dès le troisième jour,
victorieux et triomphant.

Au lieu donc que la gloire des grands du siècle
se termine au tombeau,
c'est dans le tombeau que commence
la gloire de ce Dieu homme.

C'est, pour ainsi parler,
dans le centre de sa faiblesse
qu'il fait éclater toute sa force,
et jusqu'entre les bras de la mort
qu'il reprend, par sa propre vertu,
une vie bienheureuse et immortelle.

Si l'éloquence de Bourdaloue a dû s'astreindre à la mesure, qui croira pouvoir s'en dispenser ? Non, il faut le reconnaître : quiconque, en parlant, a pour but de se faire écouter, doit observer soigneusement la mesure et la cadence ; s'en dispenser, c'est imposer un supplice à ceux qui doivent nous entendre. La vérité, comme la vertu, a besoin, pour plaire aux hommes, de se présenter à eux sous des dehors aimables : avec un extérieur sauvage ou négligé, elle peut espérer au plus d'être supportée. Sans doute, les raisonnements solides et les bonnes pensées peuvent parfois se passer des ornements du langage ; mais on leur enlève toujours une partie de leur force et presque tout leur charme, en les exprimant dans un style dur et rocailleux. Un poëte l'a dit heureusement : *l'oreille est le chemin du cœur.* N'est-ce pas s'exposer à manquer le but, que de s'en barrer la route? La première, la plus grande utilité de l'étude de la versification, c'est donc d'exercer et de former l'oreille, afin de l'aider à trouver aisément pour la prose, les nombres les plus harmonieux. Cet exercice sert encore à faire acquérir de la facilité pour varier l'expression et lui donner plus de justesse et de force; en outre, il habitue l'écrivain à faire un heureux usage des figures et un judicieux emploi des épithètes.

A ces grands avantages, se joignent des agréments qui ne sont pas à dédaigner. Une intelligence qui a toutes ses cordes, suivant le mot du grand philosophe de notre siècle (1), doit être sensible aux charmes de la poésie, et trouver dans la lecture de nos bons écrivains la plus agréable récréation, le délassement le plus digne d'un être raisonnable. Or, il faut connaître les règles, la théorie de l'art, pour saisir toutes les perfections délicates de sa réalisation. Celui qui ignore les règles de la versification est donc privé d'une grande partie de la jouissance que procure, à un homme instruit, la lecture des beaux vers.

Mais peut-être craindra-t-on que l'étude de la

(1) M. de Bonald. Voici la pensée de ce grand écrivain à laquelle nous faisons allusion : « Un homme qui vous dit : » je n'aime pas la métaphysique, la géométrie, la poésie, » etc., donne la mesure de son esprit : c'est un instrument » de musique qui n'a pas toutes ses cordes. »

versification, en quelque sorte popularisée, n'augmente le nombre des mauvais poëtes. C'est une engeance si pitoyable, qu'en vérité, un honnête homme doit se sentir quelque scrupule en pensant qu'il pourrait contribuer à la propager. Nous y avons réfléchi, et il nous a semblé que c'était au contraire un moyen de dégoûter les mauvais rimailleurs de leur triste métier, que de leur apprendre à sentir tout ce qu'il y a de détestable dans leurs bouts-rimés, et combien il faut prendre de peine pour composer des vers raisonnables.

Moins que personne, nous voulons *qu'on rime malgré Minerve*. Mais n'est-ce pas rendre un service aux élèves, que de les mettre à même de composer, en cas de besoin, une inscription, un compliment, une épitaphe? Ce sont là de petites pièces que les *ignorants* croient pouvoir demander sans indiscrétion *à ceux qui ont étudié*, et il est fâcheux de devoir répondre à leur demande par un refus; plus fâcheux encore, peut-être, d'y répondre par une pièce *sans rime ni raison*.

Concluons donc que l'on doit s'appliquer à l'étude de la versification française, — afin d'apprendre à manier la prose avec élégance et facilité; — en second lieu, pour se procurer le charme d'une lecture intelligente des poëtes; — enfin, pour savoir, au besoin, rimer d'une manière raisonnable quelques vers de circonstance ou de complaisance.

DISTINCTION IMPORTANTE
ENTRE LA VERSIFICATION ET LA POÉSIE.

La versification enseigne les procédés particuliers à chaque langue pour construire les vers. Elle diffère donc essentiellement de la poésie, qui, lorsqu'on parle de littérature, désigne l'art de composer en vers, des ouvrages réunissant le mérite de l'invention et la richesse des images, à toutes les qualités qui constituent le grand écrivain. La poésie suppose du génie ou un talent supérieur : la versification n'exige qu'un peu d'application pour l'étude des règles, et une certaine délicatesse dans le goût. C'est dans la pensée que consiste la poésie, dont la versification n'est, pour ainsi dire, que le corps et la partie matérielle : il y a autant de différence entre l'une et l'autre qu'entre l'âme et le corps. Mais comme on est ordinairement porté à confondre la poésie avec la versification, nous croyons utile, pour prévenir une idée fausse, d'indiquer tout de suite les caractères sublimes qui distinguent la poésie en général.

DE LA POÉSIE.

Le mot poésie signifie *création* : ce mot semble donc s'appliquer à tous les arts de l'esprit; car l'objet de tous les arts est de créer, et les arts n'arrivent au sublime qu'en donnant à leurs productions cette empreinte du génie et de la nouveauté qui est le propre de la création.

Ainsi il y a de la poésie dans la peinture, dans l'architecture et dans tous les arts de l'imagination qui enfantent des sujets inconnus ; il y a aussi de la poésie dans la musique qui crée une expression du sentiment plus vive, plus complète, plus entraînante que la parole.

La poésie, à proprement parler, n'est donc pas attachée aux formes du langage, et la prose a sa poésie comme les vers ; car la poésie consiste dans la pensée et non dans un certain arrangement de mots. Cependant, il faut remarquer que, généralement, les sujets poétiques sont traités en vers, parce que la versification offre plus de ressources à l'âme pour peindre ses émotions d'une manière vive et propre à les communiquer aux autres.

La poésie est une chose vénérable et sainte : les payens eux-mêmes avaient fait de leurs premiers poëtes les interprêtes des dieux, et le prince des poëtes épiques, Homère, est le meilleur des moralistes de l'antiquité. Il est vrai que ces nobles traditions n'ont pas toujours été respectées : le digne émule d'Homère, le cygne de Mantoue, l'harmonieux Virgile, est celui des grands poëtes latins dont les ouvrages exigent le moins une humiliante épuration ; aussi est-il la plus belle gloire du siècle d'Auguste.

Même dans la corruption éhontée du paganisme, sous des dieux patrons de tous les vices, la muse du poëte conserva seule le privilège de la vertu : et quand tout le culte des dieux n'était que le culte impur de la matière, quand l'Olympe était souillé par les débauches et les grossiers plaisirs de la table, la muse chaste et sobre errait dans la pieuse solitude du sacré vallon, et n'offrait à ses privilégiés que l'eau limpide de la source d'Hippocrène : heureux symbole de la pureté de la véritable inspiration poétique.

Mais sans nous arrêter davantage aux fictions par lesquelles le paganisme exprima la haute idée qu'il se faisait de la poésie, considérons la consécration que cet art divin a reçu de Dieu lui-même, qui n'a pas dédaigné de le faire servir à graver plus profondément dans l'esprit des hommes l'image de sa grandeur, le souvenir de ses bienfaits et la crainte de ses jugements.

Les livres saints, de l'aveu de tous les critiques, offrent les plus beaux modèles de la poésie littéraire. De plus, Dieu donna la sagesse et l'intelligence à ceux qui devaient exécuter dans la perfection les divins ouvrages de sculpture et de broderie pour l'ornement du temple. Il voulut aussi que les échos de ce temple redissent sans cesse les accords majestueux d'une musique sublime; et les sons de la harpe sacrée secondaient les transports du prophète, quand l'Esprit-Saint l'échauffait de sa divine flamme.

Par l'usage qu'il en a fait pour parler aux cœurs des hommes, Dieu a donc consacré en quelque sorte tous les arts que la poésie peut ennoblir : sculpture, peinture, architecture, musique, poésie proprement dite.

Dieu, immuable en tout, n'a point cessé de se servir des moyens puissants de la poésie ; il ne l'a point jetée à l'écart, comme un instrument bon pour un temps et qu'on abandonne ensuite. Non, la poésie, malgré l'abus qu'en ont fait des hommes mauvais, est encore maintenant agréable au Dieu que chantèrent Moïse, David et Salomon.

L'Eglise, dirigée par l'Esprit-Saint, a confié à la poésie le soin d'embellir les pompes nouvelles du temple chrétien. Contemplez ces magnifiques basiliques, chefs-d'œuvre de l'art du moyen-âge : pénétrons dans ces vastes sanctuaires à l'heure où les derniers rayons d'un soleil couchant prolongent leurs brillants reflets sur les légers arceaux, à travers les vitraux aux mille couleurs de la rosace rayonnante. Sous ces voûtes gigantesques, la foule des fidèles est agenouillée; ses prières s'élèvent vers le Ciel avec la fumée de l'encens qui monte jusqu'aux ogives de la voûte, en se colorant des riches nuances que les vitraux répandent dans le sanctuaire. Au milieu d'un pieux silence, une harmonie douce et puissante descend des voûtes du temple ; comme si les anges du ciel venaient accompagner de leurs divins accords, la prière des justes de la terre. Cependant l'autel s'illumine, et la blanche lumière des bougies forme une auréole immense autour du tabernacle.

Revêtu de longs habits de lin, paré de draps d'or et de soie, le majestueux cortége des lévites et des prêtres vient, dans un ordre pompeux, s'agenouiller sur les marches de l'autel. Des hymnes toutes brûlantes de l'amour céleste, entonnées par un vénérable pontife , sont bientôt répétées avec un majestueux ensemble, avec une entraînante ardeur, par des milliers de voix. L'orgue soutient de ses mâles et nobles accords cette sublime harmonie ; tandis qu'au milieu des flots d'encens , parmi les bougies étincelantes, les mains tremblantes du prêtre élèvent sur son trône radieux le Roi de gloire dont les délices sont d'être avec les enfants des hommes.

Heureux moment, heure de chastes délices et de pieuse allégresse, non seulement pour quiconque croit, mais pour tous ceux dont le cœur est encore accessible aux nobles émotions, aux transports de l'enthousiasme ! Au milieu de ces pompes ravissantes, l'impie lui-même se surprend à prier le Dieu qu'il oublia longtemps. Quelle voix puissante a donc parlé à son cœur et touché son âme? C'est la voix de la divine poésie qui l'a, pour ainsi dire, assiégé par tous les sens afin de dompter sa superbe intelligence : la sensibilité a préparé le triomphe de la raison.

Ainsi, dans le temple chrétien comme dans le temple de Salomon, le culte s'est paré de tous les ornements de la poésie ; dans le temple chrétien comme dans le temple de Salomon , tous les arts ont trouvé leur consécration.

Dieu n'a pas permis que ce noble instrument, ainsi consacré au vrai culte, servît de moyen de séduction à l'erreur: le temple des protestants, vide de toute poésie, ne dit rien au cœur des orgueilleux disciples de Luther.

Pourquoi faut-il que le vice, plus audacieux que l'hérésie, ait pu si souvent se parer des charmes de la poésie ! Jamais du moins il n'a pu atteindre à cette perfection sublime de l'art qui transporte et ravit par une force irrésistible. Sans doute le lyrique latin, Horace, a mêlé à ses chants des compositions impures; mais ce n'est point par là qu'il nous enthousiasme : c'est quand il exalte l'inébranlable fermeté du juste qui, appuyé sur la vertu, verrait, sans trembler, le monde s'abîmer sur lui; c'est quand il venge la morale, de l'attentat commis contre elle par le voluptueux Pâris; c'est alors qu'il trouve ses plus nobles accents, c'est alors qu'il atteint ce beau idéal qui fait l'essence de la sublime poésie : pour lui comme pour les autres,

Quand il trouve le beau, c'est qu'il chante le bien.

La poésie est donc une chose sainte : la détourner à des usages profanes, c'est un abus qui la dégrade; mais la faire servir à voiler la difformité du vice, employer la puissance que Dieu a donnée à la poésie sur nos cœurs, pour étouffer en nous les cris de la conscience, pour arracher la vertu de nos ames, c'est un attentat qui indigne, qui révolte quiconque comprend la grande mission de la poésie :

Corrompre avec le bien, c'est le plus grand des crimes.

Chanter, faire aimer les perfections de Dieu et la vertu, cette imitation humaine des perfections divines, voilà la vraie mission de la poésie. Elle s'adresse à tous les hommes dont le cœur est fait pour aimer le souverain bien ; elle les console dans cette vallée de larmes, en les transportant dans un monde meilleur, où l'âme, presque dégagée des liens du corps qu'elle oublie, reçoit comme une vie nouvelle.

Il n'en est pas des arts comme des sciences : celles-ci ne peuvent être admirées dans leurs sublimes conceptions et leurs pénibles travaux que par les hommes qui les ont étudiées ; mais les arts sont compris et même parfois cultivés sans étude. N'y a-t-il pas de la poésie dans les chants plaintifs que répète le sauvage habitant de l'Océanie, quand il voit fuir sur les flots la pirogue qui emporte ceux qu'il aime ? Et quelle peuplade barbare est inaccessible aux sentiments poétiques, et insensible aux charmes de l'harmonie ? Les anciens ne nous représentent-ils pas les lions devenus doux et caressants, s'attachant aux pas du premier poète qui allait, la lyre en main, à travers les forêts sauvages, chantant les douceurs de la vertu ?

S'il est des hommes qui soient réellement insensibles aux charmes de la poésie, il faut dire d'eux, avec le plus grand philosophe des temps modernes, que *ce sont des instruments qui n'ont pas toutes leurs cordes.* Mais comme l'humidité relâche les cordes de la lyre, ainsi les sentiments bas, les mauvaises passions ou les habitudes grossières, surtout quand elles s'enracinent dans un jeune cœur, détendent les fibres délicates de notre âme, et pour lui faire rendre un son, il ne suffit plus alors de la toucher, il faut l'ébranler fortement.

Oui, c'est avec un sens profond que les anciens disaient : les *bonnes lettres*, et non pas les *belles lettres* : il faut être bon pour les cultiver et en goûter les douceurs. Que le ministre du Dieu qui rend blanche comme la neige l'âme que les crimes avaient rendue rouge comme l'écarlate, que ce ministre de la réconciliation, purifie les bagnes, et les forçats du bagne aussi comprendront la poésie, même exprimée par la parole seulement. Sans doute, ils ne sentiront pas, ces hommes sans étude, toute la finesse, toute la délicatesse, toute l'heureuse hardiesse de l'expression ; ils n'apprécieront pas la savante coupe de la phrase, et encore moins la belle ordonnance du plan : ils ne sauront pas analyser ; non, mais ils comprendront le poëte, leur cœur sera ému.

La poésie, comme nous l'avons vu en commençant, consiste essentiellement à créer : il s'ensuit que le poëte ne doit jamais se borner à emprunter à la réalité ; il est nécessaire qu'il l'embellisse : histoire, sentiments, spectacles de la nature, tout peut offrir au poëte des matières de composition ; mais il faut, pour ainsi dire, qu'en laissant aux objets l'ensemble de la forme, il sache modifier les détails, ennoblir leur substance, afin qu'on puisse dire :

Tout ce qu'il a touché se convertit en or.

On conçoit qu'il serait ridicule de vouloir enseigner aux élèves la poésie, dans le but d'en faire des poëtes. C'est la nature, ou, pour parler plus juste, c'est Dieu seul qui peut former un poëte, c'est-à-dire, une de ces intelligences supérieures, douées d'une sensibilité exquise et de la plus riche imagination. — Mais autant il serait insensé, *d'apprendre à devenir poëte*, autant il est raisonnable et utile de s'exercer à la versification : comme nous l'avons déjà montré, ce travail donne une grande facilité pour écrire en prose, et n'exige qu'une intelligence fort ordinaire ; il suffit de comprendre quelques règles bien simples sur le choix et l'arrangement des mots.

DE LA LANGUE POÉTIQUE.

On entend par langue poétique le choix des mots, les tours de phrases, et les figures qui conviennent à la noblesse et à la perfection des ouvrages en vers.

Les langues sont plus ou moins poétiques, selon qu'elles expriment les choses par plus ou moins de mots et qu'elles sont plus harmonieuses. Cette qualité dépend de la combinaison des sons et de leur prononciation : une langue est plus harmonieuse quand les sons sont nets et pleins, et que la prononciation écarte les aspirations rudes, les chocs durs des consonnes, ainsi que les pénibles hiatus des voyelles qui se rencontrent. C'est parce que la langue grecque réunit toutes ces conditions , qu'on la proclame la langue la plus poétique. Un seul terme suffit en grec pour représenter, ou *une montagne - toute - couverte - d'arbres - chargés - de-feuilles,--*ou *unDieu-qui-lance-au-loin-des-traits,--*ou *les-sommets-des-rochers-frappés-souvent-de-la-foudre.* Non seulement cette langue a l'avantage de remplir par un seul mot l'imagination, mais chaque terme, dans la bouche des Grecs, avait une mélodie marquée, et charmait l'oreille pendant qu'il étalait à l'esprit de grandes peintures. Voilà pourquoi toute traduction d'un poëte grec est toujours faible , sèche et indigente ; c'est de la craie et de la brique employées pour imiter des palais de porphyre.

Dans la langue grecque, presque tous les mots étaient poétiques, parce qu'ils étaient tous harmonieux, et qu'il n'y avait pas de fonctions réputées viles. Dans les langues modernes, au contraire, et particulièrement en français, il y a beaucoup de mots que l'on doit exclure de la poésie, pour leur mauvaise consonnance, ou la bassesse des choses qu'ils expriment.

Il y a aussi des mots qui appartiennent exclusivement à la langue poétique et qui paraîtraient déplacés dans la prose; ce sont ceux qui ont une noblesse, une certaine emphase qui les élève au-dessus du langage ordinaire; tels sont : *antique,* pour *ancien; coursier,* pour *cheval*; le *flanc,* pour le *côté;* le *glaive,* pour *l'épée;* les *humains,* ou les *mortels* pour les *hommes,* etc... Ces mots sont plus poétiques, parce qu'ils peignent mieux : Exemple ;

coursier pour *cheval*; — ou parce qu'ils sont plus harmonieux; ou enfin parce qu'ils ont un sens plus étendu.

On cite un exemple remarquable de la valeur poétique des expressions qui offrent un sens très-étendu, une idée générale. Un poëte de la fin du seizième siècle avait dit, en parlant de Dieu :

Aux petits des corbeaux il donne leur viande.

Ce mot *viande* est bas et trivial en français; *corbeaux* manque ici de noblesse et d'élégance : Racine, en y substituant les expressions plus générales, *oiseaux* et *pâture*, a donné à ce vers tout ce qui lui manquait :

Aux petits des oiseaux il donne leur pâture.

Remarquons cependant qu'il ne suffit pas toujours que le mot offre une idée générale : le mot *nourriture*, par exemple, qui offre encore un sens plus étendu que *pâture*, serait cependant bien moins poétique.

L'impossibilité de faire entrer certains mots dans les vers, est devenue quelquefois l'occasion de traits heureux, en forçant les poëtes de recourir aux périphrases, quand ils devaient parler des choses qu'exprimaient ces mots. C'est parce que les expressions *porter perruque* et *cinquante-huit ans*, n'étaient pas poétiques, que Boileau a trouvé ces vers charmants :

. . . . Aujourd'hui la vieillesse venue,

> Sous mes faux cheveux blancs déjà toute chenue,
> A jeté sur ma tête, avec ses doigts pesants ,
> Onze lustres complets, surchargés de trois ans.

S'il avait pu dire en vers, *battre le fusil,* le même poète n'aurait peut-être pas composé ces deux vers excellents :

> Des veines du caillou qu'il frappe, au même instant
> Il fait jaillir un feu qui pétille en sortant.

Les poètes trouvent parfois le secret de donner, pour ainsi dire, des lettres de noblesse aux mots les plus bas. Un poète moderne, dont les essais en ce genre n'ont pas toujours été aussi heureux, a fait passer dans ses vers le mot *cuisse :* c'est dans une pièce où il compare la France à une cavale ; il dit à Napoléon :

> Tu la pressas plus fort de ta cuisse nerveuse.

La justesse, le pittoresque de l'expression et l'é-pithète qui la relève, font que le mot *cuisse,* loin de nous blesser dans ce vers, devient une véritable beauté. Racine a fait entrer dans le style le plus noble, les mots *chiens* et *boucs.*

> . . . . Des membres affreux
> Que des chiens dévorants se disputaient entre eux.....

> Qu'ai-je besoin du sang des boucs et des génisses ?

Enfin, il faut remarquer qu'il est juste de dire pour la langue poétique des littératures modernes, ce qu'Horace a dit de la langue latine : qu'il y a des mots actuellement poétiques qui cesseront de l'être, et que d'autres, réputés bas ou inusités aujourd'hui, deviendront nobles à leur tour. Mais c'est le privilége des grands écrivains de ressusciter ainsi les mots vieillis, en leur donnant toute la grâce de la jeunesse, et d'enrichir la langue de mots nouveaux ; quand les écrivains médiocres prétendent s'arroger ce droit, leur néologisme n'est qu'une stérile abondance : sous leur plume prétentieuse, la langue se défigure, elle ne s'enrichit pas.

RÈGLES

DE LA VERSIFICATION FRANÇAISE.

Les vers français diffèrent de la prose en trois points : 1º ils ont un nombre limité de syllabes ; 2º ils se terminent par la rime, c'est-à-dire par une consonnance qui se trouve au moins à la fin de deux vers ; 3º ils n'admettent point l'hiatus, c'est-à-dire la rencontre de deux voyelles, dont l'une finit un mot et l'autre commence le suivant, comme *tu es, j'ai eu*, l'*e* muet final est seul excepté, quand on ne doit pas le faire entendre.

DES SYLLABES.

Une syllabe est à proprement parler la réunion d'une ou de plusieurs consonnes avec une ou plusieurs voyelles, comme *le, vous, prix* : voilà le sens propre du mot syllabe ; mais par extension, ce mot est appliqué à une voyelle qui se rencontre seule. Ainsi, on dit que le mot *haï* a deux syllabes. Subdiviser un vers en toutes les syllabes qui le composent, s'appelle *scander*.

En scandant on compte toutes les syllabes, hormis l'*e* final muet, en deux cas :

1º Quant il est suivi immédiatement d'une voyelle ou d'un *h* muet ; 2º quand il se trouve à la fin des vers.

Il faut avoir soin, en scandant les vers, de rétablir les syllabes muettes que la rapidité de la prononciation ne fait pas ressortir dans le langage familier. Exemple : *une petite ruse*, scandez en prononçant d'une seule émission de voix, ce qui se trouve entre chaque barre (1) : *un'* | *eu* | *pe* | *tit'* | *eu* | *ruse*. | Quand on récite des vers, il faut faire sentir cet *e*, mais avec une grande légèreté, en prolongeant la vibration de la consonne.

Il faut laisser aussi divisées deux voyelles qui se suivent, quand elles ne forment pas une diphthongue, comme dans les mots : *di-amant, confi-ant.*

Dans les imparfaits et les conditionnels, les trois dernières lettres *ent* ne comptent pas dans la mesure. Exemples : *voulaient, voudraient,* n'ont que deux syllabes. Il en est de même au pluriel du subjonctif dans les auxiliaires : *qu'ils aient, qu'ils soient :* ces mots sont des monosyllabes.

____

(1) Les lettres *un'* gardent le son *une* ; de même *petit'* doit se prononcer *petite.*

Les mêmes lettres *ent* forment une syllabe au présent de l'indicatif et du subjonctif de certains verbes, *ils paient, ils emploient, ils avouent, ils prient.*

DE L'E MUET FINAL.

L'*e* muet compte pour une syllabe à la fin des mots comme dans *joi-e, impi-e*, et lorsque cet *e* muet est suivi d'un *s : joi-es, tu jou-es.* Comme on ne saurait prononcer *joie-eux* sans faire confondre le substantif *joie* avec l'adjectif *joyeux*, et que l'on ne pourrait dire, sans barbarisme, *impieux*, ces mots et d'autres semblables doivent être placés, au singulier, devant un mot commençant par une voyelle ou par un *h* muet : au pluriel, ces mots ne peuvent être admis qu'à la fin des vers, parce que là on ne tient jamais aucun compte de l'*e* muet.

C'est donc à tort que dans les romances et dans les cantiques, les copistes et par suite les graveurs placent l'*e* muet final d'une manière détachée, comme formant syllabe distincte ; souvent même cet *e* absolument muet est logé sous une note tenue ou à effet. Le chanteur trop docile suit cette fausse indication, en dépit des règles de la versification, et l'habitude fait supporter les absurdités qui résultent de cette faute grossière. Ainsi, on entend chanter à plein gosier et avec une expression sentimentale : *Ma-rie-eux* qui rime avec *en-*

vie-eux, et *mère-eux*, rimant avec *terre-eux* ; grâce à cette invention, *paraisse* devient, pour l'oreille, *paresseux*, etc., etc.

On écarterait ces barbarismes affreux et ces ridicules calembourgs, en observant la règle de versification, c'est-à-dire, en ne rendant pas le vers faux par l'addition maladroite de ce pied, de ce perpétuel *eux*.

Ce qu'il y a d'étrange, c'est que l'on sait fort bien éviter cette faute dans le corps des vers, en soutenant le son qui précède l'*e* muet final. Si l'on rencontre, par exemple, ce vers :

Marie est élevée aux cieux

personne ne chantera :

Marie-eux est élevée-eux aux cieux,

mais on dira fort bien :

Mari' est élevé' aux cieux ;

et si le musicien a mis deux ou trois notes à la seconde syllabe de *Marie*, on fera entendre sur ces diverses notes le son *i* seulement.

Pour ceux qui réfléchissent, la faute, en dépit de l'habitude, n'est pas moins vicieuse, ni moins ridicule à la fin du vers qu'au début ou dans le milieu. Il est à souhaiter que ceux qui font graver ou exécuter des morceaux de chant, veillent à corriger un abus aussi contraire au bon sens et au bon goût qu'aux règles de la prosodie.

Ajoutons, en terminant, que là où l'on garde les

vraies traditions du bon langage, au *Conservatoire de chant et de déclamation*, on n'a jamais entendu dénaturer nos poëtes dans le récit ni dans le chant, par la prononciation détachée de cet *e* appelé justement muet parce qu'il doit être toujours omis, ou dissimulé avec art et délicatesse.

RÈGLES DE LA QUANTITÉ DES SYLLABES.

Quand deux voyelles se trouvent placées de suite, il est souvent difficile de savoir si elles forment diphthongue, oui ou non : voici la liste des mots où l'on peut trouver le plus de difficulté pour fixer la mesure.

I. *ia, iai, ian, iant, ient.* Presque toujours ces voyelles placées de suite dans un mot, forment deux syllabes.

Exceptions : *ia* est monosyllabe dans *diable, diacre, liard, fiacre;* — *iai* est monosyllabe dans *bréviaire;* — *ian,* est monosyllabe dans *viande.*

II. *Iau* est dissyllabe : *mi-auler, besti-aux.*

III. *Ie, ier, iere, iez :* sont 1° monosyllabes dans les noms et les adjectifs, quand la désinence n'est pas précédée de deux consonnes dont la deuxième soit une des liquides *L* ou *R.* Exemples : *pal-mier, pi-tié, lu-mière, ciel, sié-ge.* Ajoutez la désinence *iez* dans les verbes, quand elle n'est pas précédée de deux consonnes dont la seconde soit une des liquides *L* ou *R.* Exemples : vous *ai-miez,* vous *croi-riez.*

2º Les mêmes réunions de voyelles sont *dissyl*-
labes dans les adjectifs et les noms qui ont la désinence précédée de deux consonnes dont la deuxième
est une des deux liquides. Exemple : *san-gli-er*,
pri-ère, *qua-tri-è-me*.

3º Elles sont aussi dissyllabes à l'infinitif et à
quelques temps de la première conjugaison, dans
les verbes en *ier*. Exemples : *Etudi-er*, vous
pri-ez, être *al-li-é*.

4º Il faut encore ajouter la désinence *iez* des
verbes en général, quand cette désinence est précédée de deux consonnes, dont la deuxième est
une des liquides *L* ou *R*; vous *vou-dri-ez*, vous *sem-
bli-ez*. Enfin dans l'adverbe *hi-er* et les mots *pi-été*,
im-pi-été, *in-qui-et*, avec ses dérivés *in-qui-é-
tu-de*, etc., *har-di-esse*, *ma-té-ri-el*, *es-sen-ti-el*,
ar-ti-fi-ci-el.

Le mot *hier* devient monosyllabe dans son composé *a-vant-hier*.

IV. 1º *ien* dissyllabe dans les adjectifs d'état, de
profession, de pays. Exemples : *chi-rur-gi-en*, *ma-
gi-ci-en*, *his-to-ri-en*, *in-di-en*. Il faut ajouter les
deux mots *li-en*, *a-é-ri-en*.

2º *Ien* est, selon le besoin de la mesure, monosyllabe ou dissyllabe dans le mot *gardien*; il est
monosyllabe dans presque tous les autres mots;
chré-tien, *abs-tienne*, etc.

V. *Ieu,io*, dissyllabes ordinairement. Exceptions :
io monosyllabe dans les deux mots *pio-che*, *fio-le*.

Ieu, monosyllabe dans les mots : *lieu, Dieu, es-
sieu, vieux, cieux, mieux* et *pieu* (bâton.) Il faut

remarquer que l'adjectif *pi-eux* est dissyllabe comme les autres adjectifs en *ieux*.

VI *Ion*. 1° La désinence *ion* est monosyllabe dans les verbes, quand elle n'est pas précédée de deux consonnes, dont la seconde soit une liquide, comme : nous *ai-mions*, nous *ai-me-rions*.

2° *Ion* est dissyllabe dans les substantifs et à la première personne du pluriel des verbes en *ier*. Exemple : *li-on*, nous *ri-ons*.

3° *Ion* est aussi dissyllabe dans la désinence des autres verbes quand cette désinence est précédée de deux consonnes dont la deuxième est une des deux liquides, comme : nous *en-tri-ons*, nous *sem-bli-ons*.

VII. *Oe*, dissyllabe. Exceptions : *poèle, moëlle, moëlleux*.

VIII. *Oin*, monosyllabe. Exemples : *loin, besoin*, etc.

IX. *Oua, oue, ouer, ouette*, ordinairement dissyllabes. Exceptions : *fouet, fouet-ter*.

X. *Oui*, dissyllabe. Exemples : *ou-ir, é-blou-ir, Lou-is*. Exception pour l'adverbe affirmatif *oui*, qui est monosyllabe.

XI. *Ouin*, monosyllabe. Exemples : *ba-ra-gouin, bé-douin*.

XII. *Ua, ue, uer*, ordinairement dissyllabes : Exemples : *tu-er*, il *tu-a, du-el, su-eur*. Exception : *é-cuel-le*.

XIII. *Ui* est monosyllabe dans *au-jour-d'hui, lui, ce-lui*, et la plupart des mots, excepté les suivants où il est dissyllabe : *flu-ide, ru-i-ne, ru-i-ner, bru-i-ne, su-i-ci-de*.

XIV. *Y* et *ï* tréma forment une syllabe distincte dans les mots suivants : *paysan* (pai-i-san), *abbaye*, *ha-ï*, *sto-ï-que*; ailleurs ces lettres ne comptent pas pour une syllabe. Exemples : *payable* (pai-ia-ble), *aieux* (ai-ieux) que nous *voy-ions*, que vous *voy-iez*.

XV. L'*e* muet placé dans le corps de certains mots après une voyelle, rend cette voyelle longue, mais ne compte pas lui-même pour une syllabe. Exemples : les futurs des verbes de la première conjugaison : *je vous paie-rai*, nous *a-voue-rons*, et quelques substantifs, *dé-nue-ment*, *dé-voue-ment*.

XVI. Dans les mots *Saône*, *août*, *Aaron*, les deux premières voyelles se contractent en une seule. Dans ce vers :

Si du grand prêtre Aaron Joad est successeur ,

il faut donc prononcer *A-ron* et non pas *A-a-ron*.

La connaissance exacte de la quantité syllabique est nécessaire, non-seulement pour bien faire des vers, mais encore pour bien lire une pièce de poésie et en faire sentir exactement la mesure. Il faut remarquer que la quantité de plusieurs syllabes a varié ; mais elle est maintenant fixée définitivement. On peut donc trouver, surtout dans les plus anciens poëtes, des vers où les syllabes n'ont pas la quantité que l'on vient de voir indiquée.

DE L'HIATUS.

Gardez qu'une voyelle à courir trop hâtée,
Ne soit d'une voyelle en son chemin heurtée.
BOILEAU.

Le mot *hiatus* veut dire bâillement. On appelle hiatus, en poésie, la rencontre de deux voyelles dont l'une termine un mot et l'autre commence le mot suivant, comme *tu auras, si envieux*, etc. Devant l'*h* non aspiré, il y aurait aussi hiatus : dans *tu habites*, par exemple, on trouve un hiatus, à cause de la rencontre de l'*u* et de l'*h* non aspiré.

L'*e* muet est la seule voyelle qui, terminant un mot, puisse être suivie d'un mot commençant par une voyelle ou un *h* non aspiré. Ainsi on peut fort bien employer en vers ces réunions de mots : *'honnête homme, à toute heure, il rappelle à la vie*, parce que dans les mots *honnête, toute, rappelle*, l'*e* final est muet. Quand l'*e* muet final disparaît ainsi dans la prononciation devant un mot commençant par une voyelle, on dit que cet *e* est *élidé*.

La conjonction *et* suivi d'une voyelle, fait également hiatus, parce que le *t* ne se prononce pas. Ainsi on ne pourrait pas dire en vers : *sage et heureux*.

Il faut éviter que les voyelles nazales placées à la fin des mots, soient suivies immédiatement d'un mot commençant par une consonnance analogue, parce que cette rencontre produirait dans la prononciation une sorte d'hiatus, comme on le sent dans ce vers :

Immolent trente mets à leur *faim in*domptable.

On devrait aussi, pour l'euphonie, éviter de placer devant une voyelle initiale un mot terminé par *r*, quand cette consonne ne se prononce pas. En lisant ce vers, par exemple.

Toucher au laurier immortel,

on entend que le premier mot terminé par *r*, donne un son agréable, parce qu'on le prononce ; tandis qu'après le mot *laurier* l'oreille est choquée par un hiatus, précisément parce qu'on ne peut faire sentir l'*r*, et qu'il faut prononcer comme si on écrivait *laurié immortel.*

LICENCES POUR L'HIATUS. L'adverbe *oui*, répété deux fois de suite, est admis dans le dialogue. Exemple :

Oui, oui, cette vertu sera récompensée.

Le mot *onze* fait aussi exception : comme dans la prononciation on fait sentir au commencement de ce mot un *h* aspiré, l'hiatus n'existe pas pour l'oreille.

Les interjections *ah ! eh ! oh !* peuvent être suivies d'une voyelle, parce qu'après une interjection il faut toujours un repos de la voix qui rend l'hiatus insensible. Exemple :

Tant pis. — Eh ! oui, tant pis ; c'est là ce qui m'afflige.

L'hiatus est admis dans quelques locutions fami-
lières qui peuvent passer dans le genre simple.
Exemple :

A tort et à travers. — *Tant y a*, etc.

Quand un mot se termine par un *e* muet, précédé
lui-même d'une voyelle, et que cet *e* s'élide, il reste
évidemment un hiatus ; mais on l'admet dans la
versification la plus soignée. Exemple :

Rome entière *noyée au* **sang de ses enfants.**

DE L'ÉLISION.

Comme nous l'avons déjà vu, lorsque, dans un
vers, il se rencontre un mot finissant par un *e*
muet, placé devant un mot commençant par une
voyelle, cet *e* ne compte pas dans la mesure des
vers, et l'on dit alors qu'il y a *élision*. Par exemple,
dans ce vers :

La rappell*e à* **la vie, ou plutôt aux douleurs,**

on scande (c'est-à-dire on prononce en faisant sentir les syllabes), comme s'il y avait :

La-rap-pell'-à-la-vi',-ou-plu-tôt-aux-dou-leurs.

(Quand on écrit le vers scandé, on remplace
ainsi par l'apostrophe l'*e* muet élidé.)
L'*e* muet final subit l'élision devant l'*h* non aspiré. Ce vers, par exemple :

Plus méchant qu'Athalie, à tout*e h*eure l'assiège,

se scande ainsi :

Plus-mé-chant-qu'A-tha-li'-à-tout'-heur-eu-l'as-siég'.

Il n'y a pas d'élision de l'*e* muet devant l'*h* aspiré. Dans le vers suivant on trouve l'application de cette règle et des deux précédentes :

Rom*e* enfin que je *h*ais, parce qu'elle *t'h*onore.

Il faut scander :

Rom'-en-fin-que-*je-hais*,-par-ce-qu'ell=eu-*t'ho*-nor'.

(Pour le nom Henri, le plus souvent les poëtes font l'*h* aspiré.)

Il y a des mots qui ne peuvent entrer dans un vers, à moins que l'*e* muet final ne soit élidé : ce sont les mots où cet *e* est précédé d'une voyelle, comme *risée, vue, destinée, joie, vie, il paie, je confie,* etc. M. de Lamartine a fait une faute contre cette règle dans ce vers:

L'or qui paie le sang, le fer qui ravit l'or.

Si l'on prononce ce vers avec la mesure, il faut scander :

L'or-qui-pai-eu-le-sang, le-fer-qui-ra-vit-l'or.

On sent combien la prononciation *pai-eu*, est ridicule. C'est, cependant, ainsi qu'il faut prononcer dans ce vers le mot *paie*; car sans cela il manquerait un pied, c'est-à-dire qu'il n'y aurait plus de vers.

Ces sortes de mots, lorsqu'ils ont l'*e* muet suivi d'une consonne, comme *joies*, ils *paient*, etc., ne peuvent être placés qu'à la fin du vers.

A la fin du vers, l'*e* muet final seul ou suivi d'une consonne, ne compte pas dans la mesure du vers.

Dans les terminaisons des verbes *aient*, et dans *qu'ils soient*, l'*e* muet et les consonnes qui le suivent ne comptent pour rien dans la mesure. Ainsi ce vers :

Avançaient, combattaient, frappaient, mouraient ensemble,

doit se scander de la sorte :

A-van-çai'-com-bat-tai'-frap-pai'-mou-rai'-t'en-sem-bl'.

Il y a certaines tournures de phrases qui font qu'en prose même on prononce toujours l'*e* muet final, comme s'il y avait *eu*. Exemple : *Voyez-le, te, ce*, qu'on prononce : *voyez-leu, teu, ceu*. Dans ce cas l'élision n'est point possible, et l'on doit avoir soin de placer après cet *e* final un mot commençant par une consonne.

Il y a des poëtes qui ont péché contre cette règle. et pour lire leurs vers, on est forcé de prononcer d'une manière fausse. Par exemple, dans ce vers du *Misanthrope* :

Mais, mon petit Monsieur, prenez-le un peu moins haut,

il faut absolument prononcer *prenez-le*, comme s'il y avait *prenel'un peu moins haut.*

DE LA MESURE DES VERS FRANÇAIS.

Il y a des vers de douze, de dix et de huit syllabes jusqu'à une : le vers de neuf syllabes est très-peu usité ; il n'y en a pas de onze syllabes.

Le vers de douze syllabes est appelé *alexandrin*, parce qu'il fut employé, à la fin du XIIe siècle, dans un poëme sur la vie d'Alexandre, commencé par Lambert li Cors et achevé par Alexandre de Paris ou de Bernay. On appelle aussi ce vers *héroïque*, parce qu'il convient aux poëmes qui renferment le récit des actions des héros. Enfin, on l'appelle *grand vers*, parce que c'est celui qui renferme le plus de syllabes.

Quelques auteurs mesurent les vers par *pieds* ou *mesures* qui ont deux syllabes : ainsi ils nomment le vers de douze syllabes *hexamètre*, c'est-à-dire, composé de six mesures. On appelle de même *pentamètre* (cinq mesures) le vers de dix, *tetramètre* (quatre mesures) le vers de huit.

DE LA CÉSURE.

Que toujours dans vos vers le sens coupant les mots ,
Suspende l'hémistiche, en marque le repos.
BOILEAU.

Le mot *césure* veut dire *coupure* : la césure coupe le vers en deux parties, qu'on appelle hé-

mistiches. (1) Il n'y a de césure que dans les vers hexamètres et les vers pentamètres.

Dans l'hexamètre, la césure se place toujours au milieu, c'est-à-dire, après la sixième syllabe. Exemple :

Jouez pour le plaisir | et perdez noblement.

Dans le pentamètre, elle se place toujours après la quatrième syllabe. Exemple :

C'est la vertu | qui fait le cœur joyeux.

Il n'est pas nécessaire que la césure soit indiquée par la ponctuation. On a vu, en épigraphe, les beaux vers de Boileau qui renferment l'exemple et le précepte de l'hémistiche. En voici sur le même sujet, qui sont aussi fort heureux :

Observez l'hémistiche, et redoutez l'ennui
Qu'un repos uniforme attache auprès de lui.
Que votre phrase heureuse et clairement rendue
Soit tantôt terminée et tantôt suspendue.
C'est le secret de l'art.

Il faut que la césure tombe toujours sur la syllabe qui a l'accent tonique, c'est-à-dire, celle sur laquelle la voix s'élève et se développe le plus en prononçant,

Dans tous les mots français l'accent tonique se

(1) *Hémistiche*, demi-vers ; ce mot est composé de deux mots grecs : *hémisus*, moitié ou demi, et *stichos*, un vers.

trouve sur la dernière syllabe quand elle n'est pas un *e* muet. Exemples : sol*dat*, dra*peau.*

Quand le mot se termine par un *e* muet, l'accent tonique se trouve sur la pénultième syllabe. Exemples : *guerre*, pri*ères*, *ar*mes.

On peut mettre un *e* muet à l'hémistiche, mais il faut qu'il soit élidé, c'est-à-dire, supprimé dans la prononciation parce qu'il se trouve devant une voyelle. Exemple :

La gloire ne peut être | où la vertu n'est pas.

Il faut toujours qu'à la césure il y ait une suspension de voix possible : la césure n'est pas valable quand le sens oblige à lier deux hémistiches. Voici un vers ridicule qui fait sentir la nécessité de la règle dont nous parlons :

Adieu je m'en vais à | Paris pour mes affaires.

Mais on dira fort bien avec Racine :

Vous lui pourrez bientôt | prodiguer vos bontés.

Il est fort difficile de fixer les règles pour le repos suffisant de l'hémistiche : c'est peut-être le point le plus important et le plus délicat de notre versification. Le goût et l'oreille formés par la lecture des bons modèles peuvent seuls apprendre à juger de la suffisance ou de l'insuffisance du repos, avec délicatesse, mais aussi sans rigorisme.

DE L'ENJAMBEMENT.

On dit qu'un vers enjambe sur un autre, lorsque le premier ou les premiers mots du second vers sont un complément indispensable pour le sens du vers précédent. Exemple :

> Oui j'accorde qu'Auguste a droit de conserver
> L'empire, où, etc.

Le premier mot du second vers est un enjambement, parce que ce mot est nécessaire pour donner un sens au premier vers. L'enjambement est donc un rejet qui peut varier la cadence du vers métrique ; mais il faut qu'il ne soit pas trop répété, et qu'il soit ménagé avec soin.

Nous ne saurions partager l'opinion de ceux qui condamnent cet enjambement de Racine :

> Le feu de ses regards, sa haute majesté
> *Font connaître Alexandre*, et certes son visage
> Porte de sa grandeur l'ineffaçable image.

Cet enjambement est bon, parce que la voix peut s'arrêter après l'hémistiche *sa haute majesté* ; or l'enjambement n'est vicieux que lorsqu'il détruit le repos que notre prosodie exige à la fin du vers. Il faut remarquer, en outre, que la coupe du vers, par ce repos complet à l'hémistiche, arrête le lecteur comme pour lui laisser le temps de contempler le grand homme placé devant ses yeux.

Voici un exemple d'enjambement vraiment vicieux :

> Car puisque la fortune aveuglément dispose
> *De tout*, peut-être aussi aurons-nous quelque chose.

Cet autre enjambement, bien que formé seulement aussi de deux syllabes, est néanmoins très-correct :

> Oui, j'accorde qu'Auguste a droit de conserver
> L'empire, où la vertu l'a fait seule arriver.

Pourquoi cet enjambement est-il légitime ? C'est parce que le mot rejeté est appuyé par un développement d'une certaine étendue qui empêche que la voix ne fasse une chute disgracieuse, et qui permet en même temps un repos à la fin du premier vers. Racine nous fournira encore un exemple du même genre :

> Il voit plus que jamais ses campagnes couvertes
> De Romains que la guerre enrichit de nos pertes.

L'enjambement devient une beauté lorsqu'il contient une suspension, une réticence et une interruption. Exemple :

> Ne manquez pas du moins : j'ai quatorze bouteilles
> *D'un vin vieux...* Boucingot (1) n'en a pas de pareilles.

Dans les genres simples ou légers, comme la

---

(1) *Boucingot*, marchand de vin très-renommé du temps de Louis XIV.

comédie, la fable, le conte, etc., l'enjambement
est souvent employé, mais il faut toujours qu'il per-
mette un petit repos à la fin du vers qui le précède,
sauf le cas où le rejet est destiné à faire image,
comme dans ce vers de La Fontaine :

Les derniers traits de l'ombre empêchent qu'il ne voie
Les filets : il y tombe, en danger de mourir

On conçoit facilement pourquoi l'enjambement
doit être employé en français avec circonspection :
c'est que le caractère essentiel de notre versification est la rime ; or, l'enjambement employé sans
précaution et trop souvent, la rendrait insensible.

DU CHOIX DE LA MESURE DES VERS.

Le grand vers ou vers alexandrin est consacré au
poëme épique, à la tragédie, à la comédie. Il convient fort bien aussi pour les poëmes didactiques,
le discours en vers, l'épître morale, la satyre. Il
peut être employé dans tous les genres.

Le vers de dix pieds, moins majestueux que l'a-
lexandrin, a un mouvement plus vif, plus pressé,
et convient mieux à la poésie familière et légère. Il
est surtout employé pour le style marotique dont
nous parlerons plus loin.

Bien que nous n'ayons point de pièces remarquables en vers de neuf syllabes, et que cette mesure soit très peu usitée, on en trouve quelques
exemples dans les genres qui se rapprochent de

la chanson. On lit, dans l'*Idylle de la Paix*, de Racine :

> De ces lieux | l'éclat et les attraits,
> Ces fleurs odorantes,
> Ces eaux bondissantes,
> Ces ombrages frais
> Sont des dons | de ses mains bienfaisantes.
> De ces lieux | l'éclat et les attraits.
> Sont les fruits de ses bienfaits.

La césure au vers de neuf pieds, se place après la troisième syllabe : on trouve aussi des vers passables où la césure est après la quatrième syllabe. Exemple :

> Je n'aimais pas | le tabac beaucoup .
> J'en prenais peu | souvent point du tout ;
> Mais mon mari | me défend cela.

Le vers de huit syllabes se prête à tous les tons, pour les pièces de peu d'étendue, comme l'ode, l'épître, l'élégie, la poésie descriptive, etc. Le vers de sept pieds a le même emploi à peu près.

Le vers de six syllabes est ordinairement joint à des vers d'autre mesure.

Le vers de cinq syllabes est plus usité que le précédent, et peut être employé seul. On s'en sert surtout pour les morceaux qui doivent être chantés.

Le vers de quatre syllabes est mélangé avec des vers d'autres mesures, pour le genre lyrique : on l'emploie seul dans le genre familier.

Les vers de trois ou de deux syllabes ne s'em-

ploient guère que joints à des vers plus grands.
Quant au vers d'une syllabe, on le trouve dans
quelques couplets de chansons badines.

VERS LIBRES.

On peut, dans plusieurs genres de poésie, mélanger des vers de mesure inégale, sans observer
aucun ordre, si ce n'est celui que l'oreille exige
pour produire une cadence harmonieuse et en rapport avec la pensée : c'est ce qu'on appelle *vers
libres, poésie libre*.

Racine offre des modèles admirables de poésie
libre, dans les chœurs d'*Esther* et d'*Athalie*. En
voici deux fragments analysés par La Harpe.

> Dieu, descends, et reviens habiter parmi nous.
> Terre, frémis d'allégresse et de crainte ;
> Et vous, sous sa majesté sainte,
> Cieux, abaissez-vous.

« Sans parler de toutes les autres sortes de
beautés, remarquons au moins quelque chose de
l'artifice de la phrase harmonique, qui va sans
cesse en décroissant du premier vers, qui est de
six pieds (1), au second qui est de *cinq,* au troisième, qui est de *quatre,* au dernier enfin, qui est
de *deux pieds et demi* (celui où *les cieux s'abais-*

(1) Le pied se compose de deux syllabes : un alexandrin
a donc six pieds.

sent), sans que jamais l'oreille sentè ni saccade, ni secousse, tant le rhythme est ménagé pour l'effet, et tant l'effet est sensible. Il ne fallait rien moins que ces conditions pour que ces quatre mètres différents fussent entremêlés un à un sans être désagréables. »

Le même critique montre, sur un autre exemple de Racine, tous les effets que le poëte peut tirer du mélange des différents mètres sous le rapport de l'harmonie imitative :

> O Dieu, que la gloire couronne,
> Dieu, que la lumière environne,
> Qui voles sur l'aile des vents.

» Il lui fallait au vers suivant une césure grave, un hémistiche de deux pieds pour *le trône* de Dieu qui devait contraster avec *le vol sur l'aile des vents*, bien placé dans un petit vers; il a eu recours alors au vers de *cinq* pieds :

> Et dont le trône est porté par les anges.

» Mais comme l'oreille passe toujours avec peine du vers de *quatre* à celui de *cinq*, parce que l'un semble s'arrêter quand l'autre l'entraînait, le poëte musicien se repose tout de suite sur un second vers de même mesure :

> Toi qui veux bien que de simples enfants
> Avec eux chantent tes louanges.

» Et de cette manière il y a un repos suffisant pour suspendre la période. Il la reprend là par un vers de *quatre* pieds, d'où elle descend pour courir pendant cinq vers de *trois pieds et demi* :

> Tu vois nos pressants dangers ;
> Donne à ton nom la victoire ;
> Ne souffre pas que ta gloire
> Passe à des Dieux étrangers.
> Arme-toi, viens nous défendre.

» La phrase va d'un pas égal et rapide, comme pour hâter le secours qu'elle demande ; mais le poëte la suspend de nouveau sur un pompeux alexandrin, parce qu'il veut faire un tableau par un seul vers :

> Descends tel qu'autrefois la mer te vit descendre.

» Quel vers ! il fait spectacle, et l'on dirait que *la mer* est là pour voir *descendre* Dieu. Ici le poëte est si haut, qu'il ne peut retomber trop vite sur le vers de *quatre* pieds ; il redescend donc par un vers de *cinq,* suivi d'un vers de *trois* :

> Que les méchants apprennent aujourd'hui
> A craindre ta colère

» Et il termine d'une manière également harmonieuse et pittoresque par l'alliance de l'hexamètre et du tetramètre (1) :

> Qu'ils soient comme la poudre et la paille légère
> Que le vent chasse devant lui.

(1) *Tetramètre*, quatre mesures, c'est-à-dire quatre pieds ou huit syllabes.

» *La poudre et la paille* : tout ce qu'il y a de plus léger, ainsi rapproché, fait courir pour ainsi dire l'alexandrin, tout grave qu'il est par lui-même, et le petit vers qui suit *chasse* aussi vite que le *vent*. »

Nous parlerons , dans des chapitres spéciaux, de la cadence et de l'harmonie imitative ; mais nous avons cru utile de donner cette analyse des premiers vers libres cités en exemple , pour faire comprendre tout de suite que cette liberté de choisir entre les différentes mesures, doit être réglée par le bon goût.

DE LA RIME.

La rime est une esclave et ne doit qu'obéir.
Lorsqu'à la bien chercher d'abord on s'évertue,
L'esprit à la trouver aisément s'habitue ;
Au joug de la raison sans peine elle fléchit,
Et loin de la gêner la sert et l'enrichit :
Mais lorsqu'on la néglige, elle devient rebelle
Et pour la rattraper, le sens court après elle.
BOILEAU.

On appelle rime l'uniformité de son dans la terminaison de deux mots. Exemples : nat*ure*, p*ure*, val*lon*, aqui*lon*.

On distingue deux sortes de rimes : la rime masculine et la rime féminine. Toute syllabe finale, qui ne contient pas d'*e* muet, est rime masculine. Exemples : *vallon, santé, vertu, plaisir*. Toute syllabe finale contenant l'*e* muet est rime féminine. Exemples : *nature, rebelles, infernale*, ils *paient*, ils *croient*, ils *fuient*.

Les trois personnes du pluriel des imparfaits et des conditionnels en *aient*, sont regardées comme rimes masculines parce que l'*e* muet est absolument sourd.

La rime porte toujours sur l'accent tonique : ainsi on ne peut pas faire rimer *jouisse* avec *repaisse*.

RIME RICHE. La rime est riche quand elle présente non seulement une consonnance, mais encore une articulation pareille. Exemples : *Père*,

prospère; — *vers, divers;* — *enfant, triomphant;*
— *austère, salutaire;* — *travaux, dévots.*

RIME SUFFISANTE ET RIMES VICIEUSES. La rime suffisante offre une ressemblance de son, mais non d'articulation. Exemples : *Soupir, désir ; recevoir, espoir ; usage, partage ; sensible, visible ; doux, nous, vous.*

La rime étant essentiellement faite pour l'oreille, il faut considérer le son plus que les lettres ; ainsi *charmant* rime avec *tourment ;* il *amène* rime avec *peine ; ferai-je* rime avec *abrége ; abattu* rimera avec *ils ont eu ; consumé* rime avec *j'allumai.*

Toute rime qui satisfait l'oreille n'est pas pour cela légitime : ainsi le singulier ne rime pas avec le pluriel ; *une arme* ne rime pas avec *les larmes ; tu charmes* ne rimera pas non plus avec *une larme ;* en général un mot sans *s* à la fin ne rime pas avec un mot terminé par un *s,* un *z* ou *x.*

Le *t,* le *g* et le *c,* placés à la fin des mots empêchent la rime avec des mots qui n'auraient pas une de ces lettres, bien qu'elles ne se prononcent pas : ainsi, *or* ne rimera pas avec *sort ; Apollon* ne rimera pas avec *long ; autant* ne rimera pas avec *étang.*

Il est certaines lettres qui, à cause de leur grand rapport, n'empêchent pas la rime. Par exemple, *s, x, z,* à la fin des mots ne s'opposent point à la rime. Il en est de même pour les lettres *g, c,* dans les mots où *g* a à-peu-près le son de *c ;* exemple : *rang, sang,* qui peuvent rimer avec *franc, blanc.*

Une voyelle simple peut rimer avec une diph-thongue. Exemples : *ciel, éternel; vivre, suivre.* Ces rimes doivent être rares.

Quelquefois, bien que les lettres soient absolument semblables, la prononciation rend la rime défectueuse : *Brutus* ne rimera pas avec *les vertus,* ni *Jupiter* avec l'infinitif *mériter : tous ,* non suivi d'un substantif, se prononce *touce ;* il ne peut donc, pour l'oreille, rimer avec *vous, nous.* On doit, pour le même motif, rejeter la rime de *fils* avec *remis* ou *ennemis,* parce que l'*s* final sonne toujours dans le mot *fils,* quelquefois légèrement, mais toujours assez pour qu'on ne puisse jamais prononcer *fi.*

Un mot ne peut rimer avec lui-même, c'est-à-dire qu'on ne peut pas mettre le même mot à la fin du second vers pour rimer avec le premier. Cela n'est permis que dans le cas où le même mot offre un sens différent. Exemple :

Combien pour quelques mois ont vu fleurir leur *livre,*
Dont les vers en paquets se vendent à la *livre.*

Un substantif ne peut rimer avec son verbe. Ainsi on ne peut faire rimer une *arme ,* avec il *s'arme.*

Un mot ne peut rimer avec son composé : *jeter* ne rime pas avec *rejeter ,* non plus que *prudent* avec *imprudent , bonheur* avec *malheur.* Cependant quand le simple et le composé ont une signification assez différente, assez éloignée, on peut les faire rimer ensemble. Ainsi on peut faire rimer *garder* avec *regarder, courir* avec *secourir, fait* avec *parfait, front* avec *affront,* etc. Les mots dérivés du grec dont la dernière partie est semblable, riment aussi ensemble, comme *prologue* et *épilogue*, — *hypothèque* et *bibliothèque*.

I et *é*, quand ils se prononcent séparément à la fin d'un mot, donnent une rime suffisante. Ainsi *Noé* avec *avoué* ; *trahi* avec *obéi* et *ébloui*, etc.

Quand ces voyelles finales *i* et *é* ne se prononcent pas séparément, on exige pour la rime toute l'articulation, c'est-à-dire qu'il y ait dans les deux mots la même consonne devant la voyelle finale. Ainsi *bonté* ne rime pas avec *donné*; mais bien avec *chanté, charité,* etc. Il en est de même quand les voyelles *a* ou *u* terminent un mot. *Donna* ne rime pas avec *cultiva*; mais ce dernier mot rime avec *trouva*. — *Vertu* ne rime pas avec *rendu*, mais avec *abattu*. On a plus de licence pour les monosyllabes : Racine fait rimer *pu* avec *rendu*, *vu* avec *tribu*.

Un mot placé à la rime ne doit pas reparaître comme rime, dans le même morceau, avant une quinzaine de vers.

Il faut éviter avec le plus grand soin qu'on s'aperçoive de la peine que l'auteur a eue pour trouver la rime. On doit aussi se faire scrupule d'employer souvent certaines rimes banales, tellement connues qu'en lisant l'une on devine l'autre, comme *songe* et *mensonge* ; *hommes* et *nous sommes*; *sombre* et *ombre*; *monarque* et *marque*; *poudre* et *foudre*; etc.

Il y a des rimes très-rares : on trouve même des mots qui en manquent absolument, comme *triom-*

phe et *perdre*. Celui qui fait des vers doit avoir grand soin de choisir, pour rendre sa pensée, des expressions, des tours de phrase qui facilitent la rime ; mais, comme on l'a déjà vu, il faut que le lecteur ne soupçonne pas l'embarras que l'auteur a éprouvé pour rimer.

Conclusion. — La rime est la forme caractéristique des vers français : elle offre de grandes difficultés ; les règles sont très nombreuses : on vient de voir les plus importantes ; mais on ne peut en acquérir une connaissance complète que par la lecture assidue des chefs-d'œuvres de nos versificateurs les plus sévères, Boileau et Racine, par exemple, bien qu'ils aient, le dernier surtout, des négligences à se reprocher. Quant à la facilité pour trouver la rime, c'est un talent rarement naturel ; il ne s'acquiert, le plus souvent, que par une longue habitude.

DE LA SUCCESSION ET DU MÉLANGE DES RIMES.

Une rime masculine ne doit pas être suivie immédiatement d'une rime masculine différente, ni une rime féminine d'une rime féminine différente. Ainsi, on ne pourrait mettre après deux vers, dont les derniers mots seraient *journée* et *donnée*, un troisième vers finissant par *nouvel'e*, ou toute autre rime féminine qui ne serait pas en *ée*.

On peut commencer une pièce de vers par une rime masculine ou une rime féminine.

On peut mettre alternativement deux rimes masculines, puis deux rimes féminines, comme on le voit dans les scènes d'*Athalie*, par exemple : c'est ce qu'on appelle *rimes plates* ou *suivies*.

Quand on met successivement une rime masculine et une rime féminine, on dit que les rimes sont *croisées*. Exemple :

> Tel en un secret vallon,
> Sur les bords d'une onde pure,
> Croît, à l'abri de l'Aquilon,
> Un jeune lis, l'amour de la nature.

Les rimes sont encore *croisées* lorsqu'on met deux féminines de suite, entre deux masculines. Exemple :

> Ainsi l'on vit l'aimable Samuel
> Croître à l'ombre du tabernacle :
> Il devint des Hébreux l'espérance et l'oracle.
> Puisses-tu, comme lui, consoler Israël !

On pourrait mettre aussi bien deux rimes masculines de suite, entre deux féminines. Exemple :

> Rions, chantons, dit cette troupe impie ;
> De fleurs en fleurs, de plaisirs en plaisirs
> Promenons nos désirs :
> Sur l'avenir insensé qui se fie.

On peut mélanger les rimes en n'observant aucune autre règle que la première donnée ci-dessus. On peut par exemple, mettre, pour une pièce de cinq vers, deux féminines et trois masculines, ou bien deux masculines et trois féminines. Les chœurs d'*Esther* et d'*Athalie* offrent de nombreux et admirables exemples de rimes mêlées.

Quelquefois on répète à dessein les mêmes rimes dans une pièce d'un petit nombre de vers : c'est ce qu'on appelle *rimes doublées*. En voici un exemple :

> Que leur restera-t-il? Ce qui reste d'un songe
> Dont on a reconnu l'erreur.
> A leur réveil (ô réveil plein d'horreur!)
> Pendant que le pauvre à ta table
> Goûtera de ta paix la douceur ineffable,
> Ils boiront dans la coupe affreuse, inépuisable,
> Que tu présenteras, au jour de ta fureur,
> A toute la race coupable.

Dans le genre lyrique et dans le genre léger, on trouve quelquefois trois rimes pareilles placées de suite. Exemple :

> Cieux, écoutez ma voix. Terre, prête l'oreille :
> Ne dis plus, ô Jacob, que ton Seigneur sommeille ;
> Pécheurs, disparaissez; le Seigneur se réveille.

Dans quelques pièces de peu d'étendue, des épigrammes, des impromptus, des chansons, on peut tolérer plusieurs rimes masculines ou féminines qui se succèdent. Exemple : L'épigramme de Corneille sur le cardinal de Richelieu :

> Qu'on parle mal ou bien du fameux cardinal,
> Ma prose ni mes vers n'en diront jamais rien :
> Il m'a fait trop de bien pour en dire du mal,
> Il m'a fait trop de mal pour en dire du bien.

DES LICENCES POÉTIQUES.

On appelle *licences poétiques*, certaines manières d'orthographier ou d'arranger les mots, qu'on permet aux poëtes en faveur du nombre, de l'harmonie, de la rime ou de l'élégance des vers.

LICENCES D'ORTHOGRAPHE.

Les poëtes peuvent supprimer l's final : 1º à la première personne d'un verbe, placée à la rime, et terminée en *ois, ais, is*. Par exemple, à la fin d'un vers, je *vois*, je *sais*, je *vis*, peuvent s'écrire : je *voi*, je *sai*, je *vi*.

L's final peut être ajouté ou supprimé au gré du poëte, dans plusieurs mots : on écrit, suivant que la mesure l'exige, *grâce à* ou *grâces à*, — *jusque* ou *jusques*, — *guère* ou *guères*, — *naguère* ou *naguères*, — *certe* ou *certes*. On peut aussi supprimer l's à la fin des noms propres : on écrit *Versailles* ou *Versaille*, — *Charles* ou *Charle*, etc.

L'e muet final peut être supprimé dans les mots *encore* et *zéphyre*.

(Les anciens poëtes et même quelques-uns du siècle de Louis XIV, écrivent *avecque* pour *avec*. Cette licence a cessé d'être en usage.)

LICENCES DE GRAMMAIRE.

L'adverbe *où* s'emploie pour *à qui, auquel, à laquelle, vers lequel,* etc. Exemples :

Je renonce à l'empire *où* j'étais destiné...   RACINE
C'est là l'unique étude *où* je veux m'attacher.   BOILEAU.

Afin d'éviter l'hiatus, on peut employer les prépositions *en, dans,* au lieu de *à,* devant un nom de ville qui commence par une voyelle. Exemples :

Allez *en* Albion ; que votre renommée, etc....

Cassandre *dans* Argos a suivi votre père.   RACINE.

On peut mettre au singulier un verbe avec plusieurs sujets. Exemples :

L'un et l'autre aussitôt *prend* part à son affront. BOILEAU.

Quelle *était* en secret ma honte et mes chagrins. RACINE.

On peut mettre le prétérit défini, ou le prétérit indéfini, l'un pour l'autre, et même le prétérit défini pour le plusque-parfait. Exemples :

Le flot qui l'*apporta* recule épouvanté.   RACINE.

L'onde qui les *reçut* s'en irrita pour elle.   CORNEILLE.

On tolère deux modes dans une même phrase pour exprimer un conditionnel. Exemple :

Quelque sot en ma place y *serait* demeuré ;
Il *eût* perdu le temps à gémir, à se plaindre. CORNEILLE

Quelquefois le poëte est libre de choisir entre l'infinitif et le participe passé. Exemples :

Tandis que mon faquin, qui se voyait priser,
Avec un ris moqueur les priait d'excuser.   BOILEAU.

Oui, reprit le Lion, c'est bravement crié.   LA FONTAINE.

Ellipse.—L'ellipse, c'est-à-dire le retranchement d'un ou de plusieurs mots qui seraient nécessaires pour la régularité de la construction, a lieu en prose; mais la poésie a certaines ellipses qui lui sont particulières. 1° On peut ne pas répéter les prépositions *de, à* devant chaque nom ou chaque verbe, quand il y en a plusieurs qui sont compléments de ces prépositions. Exemples :

A vaincre la Hollande *ou battre* l'Angleterre.   BOILEAU.

Je remets à ton choix de parler ou *te taire.*   CORNEILLE.

2° On peut, en vers, se dispenser de mettre un pronom en tête d'un second membre de phrase, quand bien même le sujet en est assez éloigné. Exemples :

Mais je sais peu louer, et *ma muse* tremblante
Fuit d'un si grand fardeau la charge trop pesante;
Et, dans ce haut éclat où tu te viens offrir,
Touchant à tes lauriers, *craindrait* de les flétrir.   BOILEAU.

3° Quand le mot *ni* devrait être répété en prose, les poëtes peuvent l'omettre la première fois, surtout dans le genre familier. Exemple :

Tu n'as crédit ni rang qu'autant qu'elle t'en donne.   CORN.

Il y a beaucoup d'autres ellipses remarquables, dans nos grands poëtes; mais elles sont analogues à celles qu'on se permet en prose; seulement elles sont plus hardies et plus souvent répétées que dans la prose. Exemples :

Ma cour fut ta prison, mes faveurs tes liens.   CORNEILLE.

.....qu'Ismaël en sa garde
Prenne tout le côté que l'Orient regarde :
Vous, le côté de l'Ourse, et vous, de l'Occident;
Vous, le Midi........   RACINE.

Inversion. — En prose on suit l'ordre logique; c'est-à-dire que l'on met d'abord le sujet, puis le verbe, enfin le régime avec son complément. Rarement on voit le sujet après le verbe ou le régime avant le verbe. En poésie, au contraire, on peut changer l'ordre logique des termes de la phrase; c'est ce qu'on appelle inversion.

Ainsi l'on dit en vers : *Je le veux voir,* pour *je veux le voir,* — *il s'est voulu placer,* pour *il a voulu se placer,* — *n'en rougir point,* pour *n'en point rougir,* — *m'aurait punie assez,* pour *m'aurait assez punie,* — *je sais des gens de cour quelle est la politique,* pour *je sais quelle est la politique de gens de cour.*

Du premier coup de vent il me conduit au port,
Et sortant du baptême, il m'envoie à la mort.

pour : *Il m'envoie à la mort au moment où je sors du baptême.*

Les six vers suivants de Racine offriront encore de nombreux exemples d'inversions poétiques :

Que les temps sont changés ! sitôt que *de ce jour*
. La trompette sacrée annonçait le retour,
Du temple, orné partout de festons magnifiques,
Le peuple saint en foule inondait les portiques ;
Et tous, *devant l'autel avec ordre* introduits.
De leurs champs dans leurs mains portant les nou-
[veaux fruits, etc.

Il faut éviter que l'inversion ne rapproche immédiatement deux substantifs, comme dans ces vers :

Ceux qui louaient le plus de son *chant l'harmonie.*

Il faudrait, pour satisfaire l'oreille, placer le verbe entre les deux substantifs, comme ceci :

Tous ceux qui de son chant admiraient l'harmonie.

Les inversions doubles, comme la suivante, sont aussi de véritables fautes :

Je n'ai pu *de mon fils* consentir à *la mort.*

Ce vers de Voltaire est mauvais, parce qu'il y a une double inversion (La construction logique est : *consentir à la mort de mon fils.* Dans ce vers on met : 1º la particule *de* avant le mot *mort*, première nversion ; 2º cette particule *de* se trouve avant la particule *à,* qui doit naturellement la précéder, seconde inversion.) En mettant, par une inversion simple, le régime avant le verbe, le vers devient correct :

A la mort de mon fils je n'ai pu consentir.

On trouve d'excellents vers sans inversion; mais on peut user de cette licence pour les besoins de la mesure; on doit y avoir recours souvent pour donner plus d'harmonie ou de vivacité à la phrase, plus de force à la pensée.

L'inversion peut servir parfois à faire passer une ellipse hardie qui serait impossible avec la construction logique; en voici un exemple remarquable.

Un bruit mêlé d'horreur
Bientôt de ce silence augmente la terreur.

Il y a ici une ellipse très-hardie : on ne dirait jamais, dans la prose la plus élevée, *la terreur du silence*, pour *la terreur produite par le silence*. Ces deux mots ainsi rapprochés auraient quelque chose de trop discordant; et même en vers, si l'on disait :

Bientôt vient augmenter la terreur du silence,

on en serait blessé; mais l'inversion vient ici au secours de la poésie, et en mettant :

Bientôt de ce silence augmente la terreur,

ces deux mots ainsi séparés n'ont plus rien de choquant et produisent leur effet, parce que la hardiesse de l'expression ne nuit en rien à la clarté du sens.

DES MOTS POÉTIQUES.

Il y a certains mots que les poëtes emploient de préférence parce qu'ils ont plus de noblesse ou d'harmonie : quelques-unes de ces expressions sont usitées dans la prose oratoire ; les autres appartiennent exclusivement à la poésie. Voici quelques exemples de mots poétiques :

antique	pour	*ancien*
l'aquilon, les autans	»	*vent violent*
cité	»	*ville*
coursier	»	*cheval*
courroux	»	*colère*
esquif	»	*bateau*
forfait	»	*crime*
flanc	»	*côté*
fer, glaive	»	*épée*
guérets	»	*terre ensemencée*
hymen	»	*mariage*
labeur	»	*travail*
lustre	»	*espace de cinq an.*
mortels, humains	»	*hommes*
nef	»	*vaisseau*
nautonnier	»	*matelot*
naguères	»	*il n'y a pas longtemps*
onde	»	*eau*
le penser	»	*la pensée*
soudain	»	*aussitôt*
zéphir, zéphyre	»	*vent frais*

DU STYLE MAROTIQUE.

L'ancien poëte français Marot, qui vivait sous François 1er, usait des licences poétiques que l'on connait déjà, et en prenait encore d'autres assez remarquables. Comme son style a beaucoup de grâce, les poëtes, même ceux de nos jours, l'ont imité dans les sujets légers ou familiers, comme le conte, la fable, l'épître familière.

Dans le style marotique, 1o on supprime fréquemment l'article et les pronoms personnels; 2o on emploie des expressions qui ont vieilli, comme *giron* pour *sein*, *oncques* pour *jamais; lors* pour *alors; jà* póur *déjà;* 3o on fait des inversions du sujet, de l'attribut et du régime, qu'on ne tolère point dans la poésie régulière. Exemples :

> En son *giron* jadis me nourrissait
> *Douce fortune*, et tant me *chérissait*
> Qu'à plein souhait me *faisait* délivrance (1)
> Des hauts honneurs et grands trésors de France...

> .....Boyer par aventure
> Etait assis près d'un riche caissier :
> *Bien aise* était, — etc.

> Puis en autant de parts *le cerf* il dépéça.

(1) *Me faisait délivrance*, vieille expression qui signifie : *me donnait libéralement, me faisait largesse.* On dit encore *délivrer* pour *donner*, dans ces locutions : *délivrer un passe-port, délivrer un certificat.*

NOMBRE, CADENCE, RHYTHME.

On appelle *nombre*, une succession de syllabes qu'on doit prononcer de suite, dans un espace de temps distinct. Ainsi dans le vers hexamètre ou alexandrin, chaque hémistiche forme un nombre, quand il est nettement suspendu.

L'ensemble des nombres dans les vers en forme la *cadence :* ce mot veut dire *chute,* et il est employé pour exprimer le résultat de l'espèce de chute ou de repos qui indique la fin de chaque nombre, et les rends distincts.

On appelle *rhythme* l'espèce de chant que forme le nombre et la cadence joints aux accents qui sont des syllabes sonores sur lesquelles la voix appuie avec plus de force. Cette espèce d'accent n'est indiqué par aucun signe : il se trouve à l'avant-dernière syllabe des mots terminés par un *e* muet, et à la dernière syllabe des autres mots. Dans les vers il faut qu'il y ait à la rime un accent, c'est-à-dire une syllabe sonore ; l'accent est aussi de rigueur à l'hémistiche. Dans le vers alexandrin, il y a, en outre, un accent sans place fixe dans chaque hémistiche (1). Voici un exemple où l'on voit les accents indiqués par le caractère italique :

(1) Dans les vers de dix syllabes il y a trois accents obligés : ceux de la rime et de l'hémistiche, et de plus un troisième sur l'une des quatre premières syllabes du second hé-

Ce *Dieu*, maître abso*lu* de la *terre* et des *cieux*,
N'est point *tel* que l'er*reur* le fi*gu*re à nos *yeux* :
L'éter*nel* est son *nom*, le *monde* est son ou*vrage*;
Il en*tend* les sou*pirs* de l'*hum*ble qu'on ou*trage*,
Juge tous les mor*tels* avec d'*égales lois*,
Et du *haut* de son *trô*ne interroge les *rois* :
Des plus *fermes états* la *chute* épouvan*table*,
Quand il *veut* n'est qu'un *jeu* de sa *main* redou*table*.

RACINE.

Quand l'accent manque à la rime ou à l'hémisti-che, l'oreille est blessée : il faut remarquer qu'il n'y a plus d'accent à la rime, quand on y place un mot qui, par le sens et la prononciation, s'unit au mot suivant. Exemple :

.....Il pleure mort *celui*
Qu'il n'eût voulu souffrir être vif comme lui.

A l'hémistiche, l'accent cesse d'exister quand il faut, pour le faire sentir, prononcer autrement qu'on le ferait en prose. Boileau a commis deux fautes notables contre cette règle, dans les deux vers que voici :

Un fat quelquefois *ouvre* un avis important...

Grands mots que Pradon *croit* des termes de chimie.

mistiche. Dans le vers de huit syllabes on met un ou deux accents, en sus de celui de la rime. Les vers de sept, de six ou de cinq syllabes ont deux accents : celui de la rime et un autre, dans le cours du vers.

Pour prononcer régulièrement il ne faut point appuyer sur les syllabes de l'hémistiche : les accents sont sur les syllabes que l'on voit ci-après en italique :

Un *fat* quelque*fois* ouvre un a*vis* impor*tant*...

Grands *mots* que Pra*don* croit des *termes* de chimie.

Mais en prononçant ainsi, il n'y a plus de vers, parce que le repos de l'hémistiche a disparu absolument. La cadence serait rétablie si l'on mettait :

Un *fat* ouvre par*fois* un a*vis* impor*tant*...

Ces grands *mots* que Prâ*don* croit *termes* de chimie.

Quand un hémistiche renferme un mot de quatre ou cinq syllabes, il ne peut avoir qu'un accent ; mais il faut être sobre de ces grands mots qui nuisent souvent à l'harmonie des vers. L'accent manque aussi quand il y a une suite d'*e* muets, comme dans ce vers de Corneille :

Vous le mieux révéler qu'il *ne me le* révèle.

On sent combien cette suite d'*e* muets *ne me le* rend dur le dernier hémistiche, et cette dureté est le résultat du manque d'accent.

Un hémistiche qui a plus de deux accents donne au vers une marche saccadée. Exemples :

Moi-*même*, Ar*nauld*, ici qui te prêche en ces rimes.....

Bois, prés, fon*taines*, *fleurs* qui voyez mon teint blême.

Il ne peut point y avoir de syllabes accentuées au cinquième pied d'un hémistiche, en d'autres termes, il faut éviter que les deux accents d'un hémistiche ne soient près l'un de l'autre, comme dans ces vers de Gilbert :

Ciel! quel vaste concours! Agrandissez-*vous*, *temples*.

Le vers suivant serait plus défectueux :

Le sort l'a, dit-*on*, *mise* en ses sévères mains.

Mais l'oreille est satisfaite si l'on met :

Le sort, dit-*on*, l'a *mise* en ses sévères mains.

La cadence veut que le repos de l'hémistiche soit observé, mais elle n'exige pas que le principal repos soit toujours à l'hémistiche : cette uniformité donnerait à la phrase poétique une monotonie insupportable. L'on doit, au contraire, varier la coupe des vers, en mettant un repos marqué, tantôt après deux syllabes, tantôt après trois ou quatre. Exemples tirés de Racine :

Allez : pour ce grand jour il faut que je m'apprête.....

Cher enfant! es-tu fils de quelque saint prophête?.....

Non, je ne puis : tu vois mon trouble et mon effroi.....

On doit varier la cadence de la période, et pour cela il faut que les vers ne marchent pas toujours deux à deux, mais que tantôt une pensée soit exprimée en un vers, tantôt en deux ou trois, quelquefois dans un seul hémistiche. On peut étendre une image dans une phrase de cinq ou six vers, ensuite on en renferme une dans un ou deux. Il faut souvent finir un sens par une rime, et commencer un autre sens par la rime correspondante. Cette dernière remarque ne s'applique qu'aux pièces de vers à rimes plates : mais quand les rimes sont entrelacées, il faut que la période renferme une série complète de rimes. Le goût serait blessé si, la phrase finie, il y avait dans ces vers mêlés, encore une rime à attendre qui appartiendrait à une autre phrase, car l'oreille resterait en suspens quand l'esprit serait en repos. Exemple :

> Il faut encore que mon exemple
> Mieux qu'une stoïque leçon,
> T'apprenne à supporter le faix de la vieillesse,
> A braver l'injure des ans.

Quand le sens est fini, l'oreille attend encore la rime.

Les lois de la cadence ne sont pas plus absolues que les autres ; le mérite et la perfection consistent parfois à les enfreindre : c'est dans le cas où la violation des lois de la cadence, en surprenant l'oreille, contribue à fixer l'esprit sur l'objet qu'on veut faire remarquer. Les grands mots, par exemple, sont très-heureusement placés dans le vers pour rendre un bruit qui se prolonge, un objet grandiose, une longue durée. Exemples :

> Et l'orgue même en pousse un long *gémissement...*

> Le temps, cette image mobile
> De l'*immobile éternité.*

Dans ces deux derniers vers la cadence est parfaite : rapide dans le premier, elle court avec le temps ; lente et majestueuse dans le second, elle semble participer au caractère d'immobilité qu'elle exprime. C'est toujours à ce résultat que le poëte doit viser : la loi suprême de l'art, c'est de peindre avec vérité, et de faire sentir à l'oreille ce qu'on veut faire entrer dans l'esprit ou dans le cœur.

DE L'HARMONIE IMITATIVE.

On doit, dans la peinture des objets, arranger les mots de façon à produire sur l'oreille une impression analogue à celle qu'exciterait en nous l'objet lui-même. Par exemple, il faut chercher des sons doux et un arrangement harmonieux, pour peindre le bruit agréable que fait un petit ruisseau. On ne dira pas : *Le doux bruit d'un beau ruisseau,* (car la consonnance rude de *doux bruit* formerait un vrai contre-sens d'harmonie); mais on dirait fort bien : *Le doux murmure d'un ruisseau limpide.*

Un de nos meilleurs versificateurs, Delille, a heureusement exprimé ce précepte dans ce vers délicieux :

Qu'un doux ruisseau murmure en vers plus doux encore.

Racine offre une foule de vers qui ne le cèdent point à celui-ci, surtout dans les chœurs de sa tragédie d'*Athalie,* où le poëte célèbre la bonté de

Dieu et sa magnificence. Y a-t-il une oreille assez ingrate pour ne pas sentir le charme de cette strophe aussi pleine de grâce et de fraîcheur que les objets dont elle occupe notre imagination :

Il donne aux fleurs leur aimable peinture,
Il fait naître et mûrir les fruits, ·
Il leur dispense, avec mesure,
Et la chaleur des jours et la fraîcheur des nuits.

Comme on peut le voir par ces exemples, l'euphonie (c'est-à-dire, *son agréable*) s'obtient par le concours des diphthongues douces (*au, eu, ou, ui*) et des consonnes d'une prononciation coulante (*l, m, fr, J, ch* doux, *etc.*) L'euphonie qui résulte de cette heureuse combinaison des consonnes et des voyelles les plus agréables, flatte délicieusement l'oreille et ne la fatigue jamais.

Cependant il ne faut pas craindre, mais rechercher les consonnances les plus dures, quand il s'agit de peindre un objet qui ferait horreur aux yeux ou qui blesserait les oreilles, comme le *sifflement des serpents, les plus secs charbons, les sourds roulements du tonnerre.* Un poëte assez médiocre, Saint-Lambert, auteur du poëme des *Saisons*, donne un admirable exemple d'harmonie imitative dans ce beau vers :

Et la foudre en grondant roule dans l'étendüe.

La répétition des *r* et le concours des nasales sourdes (*en, on, an*) rendent bien le bruit du tonnerre. Racine est également admirable dans ce vers adressé par Oreste aux Furies qu'il croit voir acharnées à sa poursuite.

Pour qui sont ces serpents qui sifflent sur vos têtes?

La répétition des consonnes sifflantes fait entendre une imitation du sifflement des serpents.

Comme résumé, voici le précepte et l'exemple de l'harmonie douce et de l'harmonie rude, dues au choix des mots destinés à peindre les objets gracieux, ou les spectacles horribles :

« Ecrire avec aisance, a dit un auteur (1), est l'effet non du hasard, mais de l'art... Ce n'est point assez d'éviter la rudesse offensante, le son doit paraître l'écho du sens qu'il exprime. Le souffle badin du zéphir doit se faire sentir dans un vers badin, et le cours d'un ruisseau doit se retrouver dans un style encore plus coulant. Des flots bruyants, qui font retentir le rivage *contre lequel ils se brisent*, doivent faire entendre dans une poésie *rude et rauque le fracas des torrents*. Les efforts d'Ajax (2) pour lancer un rocher *d'un poids énorme* doivent faire passer dans les vers un travail *peiné* et des mots *pesants*. On doit, par un style *aisé et léger*, suivre la vitesse de Camille (3) au travers

(1) M. de Silhouette. (2) *Ajax*, un des plus fameux héros grecs dont parle Homère dans son poëme de l'Iliade : Ajax y est dépeint comme un homme d'une force prodigieuse, capable de lancer des quartiers de rocher pour écraser ses ennemis. (3) *Camille*, jeune héroïne dont parle Virgile dans son poëme de l'Enéide ; elle est repré-

des plaines et sur la mer, sans fouler les épis et ne touchant que la superficie de l'onde. »

En comparant à cette prose remarquable les vers suivants, qui expriment les mêmes pensées, on sentira combien la versification est plus favorable à l'harmonie imitative :

> Que le style soit doux, lorsqu'un tendre zéphire
> A travers les forêts s'insinue et soupire.
> Qu'il coule avec lenteur, quand de petits ruisseaux
> Traînent languissamment leurs gémissantes eaux.
> Mais le ciel en fureur, la mer pleine de rage,
> Font-ils d'un bruit affreux retentir le rivage,
> Le vers, comme un torrent, en grondant doit marcher.
> Qu'Ajax soulève et lance un énorme rocher,
> Le vers appesanti tombe avec cette masse ;
>
> . . . .
>
> Mais vois d'un pied léger Camille effleurer l'eau,
> Le vers vole et la suit aussi prompt que l'oiseau.

Il est bon de se rendre compte du charme qu'on éprouve à l'audition de ces vers qui demanderaient à être chantés plutôt qu'à être lus. Il faut, du moins, les prononcer avec intelligence : la voix doit prolonger en mourant le son final de *s'insinue*, comme l'indique l'*e* muet élidé qui termine ce mot ; le verbe *soupire,* bien prononcé, produira un effet analogue, ce qui rend parfaitement le bruit d'un vent faible qui agite doucement le feuillage, se

sentée comme douée d'une légèreté merveilleuse à la course, au point de courir sur les épis sans briser leurs tiges, ou sur l'eau, en se mouillant seulement la plante des pieds.

prolonge en passant d'arbre en arbre, et s'éteint peu à peu en s'éloignant. — Le premier hémistiche, c'est à dire la première moitié de ce vers : *Qu'il coule avec lenteur*, demande un repos après les deux premiers mots; puis la voix doit articuler posément ces syllabes longües, *avec lenteur*, en prolongeant un peu le dernier son et observant ensuite le repos marqué par la virgule. La fin du vers *(quand de petits ruisseaux)* demande, au contraire, un ton vif et léger : ce contraste fait ressortir la lenteur du premier hémistiche et prépare l'effet du vers suivant où les longs mots *(trainent languissamment, gémissantes)* par la combinaison et le nombre de leurs syllabes, obligent de traîner la voix aussi lentement que l'onde de ces paisibles ruisseaux. — Pour faire entendre la tempête, l'harmonie devient vive et forte par les monosyllabes et les articulations fermes et rudes placées aux repos *(fureur, rage)*. Puis les т sonnant, et les к répétés s'entrechoquent comme les flots agités, dans ce vers *Fonт-ils d'un bкuiт affкeux кeтeнтiк le кivage*. — Le rapprochement des nasales et des к dans ces mots, *comme un torrent en grondant*, imite le bruit sourd et fort des grandes eaux qui roulent avec fracas. Le repos de l'hémistiche omis à dessein et reculé jusqu'après le verbe *lance*, peint l'effort puissant d'Ajax; l'effet est complété par la pesanteur, l'étendue de cette expression, *un énorme rocher*. Ce double et admirable effet se reproduit dans le vers suivant où le mot *tombe*, par son harmonie naturelle et la place qu'il occupe, peint la chute de cette *masse :* ce mot lui-même, d'un son sourd et étouffé, fait entendre le bruit du rocher qui s'enfonce dans la terre. Enfin, dans les derniers vers, les monosyllabes et les articulations coulantes donnent à la phrase une allure si légère que nous suivons de l'œil, pour ainsi dire, la course rapide de Camille.

On a dû remarquer, dans l'analyse de ces vers, que l'harmonie imitative était quelquefois obtenue par l'arrangement des mots, par l'ensemble de la phrase, sans qu'il soit besoin d'employer des onomatopées. En ce cas, l'harmonie est due au rhythme qui consiste, comme on l'a vu, dans l'effet produit par la cadence et les accents. Quand le rhythme est fort sensible on peut le rendre par les signes musicaux qui indiquent les tons et les temps.

L'exemple le plus frappant, peut-être, de l'effet du rhythme, c'est l'admirable début de la fable : *Le Coche et la Mouche.*

> Dans un chemin montant, sablonneux, malaisé,
> Et de tous les côtés au soleil exposé,
>   Six forts chevaux tiraient un coche :
> L'attelage suait, soufflait, était rendu.

La chute lourde du premier hémistiche (*dans un chemin montant*), la coupe du second hémistiche formé de deux mots de même mesure (*sablonneux, malaisé*) séparés par un repos prononcé, tout cela exprime parfaitement la difficulté, la fatigue, la lenteur de la marche dans ce pénible chemin. Le troisième vers n'est pas moins admirable; la prononciation des mots qui le composent a quelque chose de traînant; ils sont disposés de façon que la voix doit, pour ainsi dire, s'étendre avec effort d'un mot à l'autre, pour peindre les traits tendus des chevaux qui traînent péniblement le coche. Quant au dernier vers, il surpasse en beauté tous les autres : ces deux mots, *suait*, *soufflait*, chacun de deux syllabes et offrant une grande analogie de prononciation, suivis d'un membre de phrase partagé aussi en deux temps, mais à chacun desquels il faut donner une valeur à peu près double, font entendre, très-exactement, la cadence d'une respiration haletante. (1)

On peut encore citer comme exemple d'harmonie imitative par le rythme surtout, ces beaux vers de Boileau :

> Quatre bœufs attelés, d'un pas tranquille et lent,
> Promenaient dans Paris le monarque indolent.

On ne peut mieux peindre la lenteur que par la cadence de ces deux vers. En voici un du même poëte, qui n'exprime pas avec moins de bonheur la rapidité du galop du cheval :

> Le chagrin monte en croupe et galope avec lui.

(1) Pour rendre cette cadence sensible par l'application des signes de la musique, on mettrait une noire pour chaque syllabe des deux premiers mots ; l'on indiquerait par un soupir le repos de la voix entre ces mots, et avant le troisième ; celui-ci aurait une noire à la première syllabe et une blanche pour la seconde ; enfin, le quatrième mot serait noté d'une blanche à la première syllabe et d'une croche pour la dernière.

Ce vers se partage en quatre mesures de trois syllabes, brèves ici chacune ; et la voix, tombant légèrement, à temps égaux, après ces courtes mesures, fait entendre la cadence égale et rapide du galop du cheval (1).

STANCES, STROPHES, COUPLETS.

La *stance* est une suite de vers formant un sens complet. Ce mot *stance* vient d'un mot italien qui signifie *repos*. On donne en particulier le nom de *stances* à des pièces de poésie composées d'un certain nombre de stances. On trouve des exemples de stances dans l'élégie intitulée *l'Ange et l'Enfant*, et dans *le Siècle Pastoral*. (2)

(1) Vers à analyser sous le rapport de l'harmonie imitative, pour appliquer les remarques faites dans les paragraphes précédents.

> J'aime mieux un ruisseau qui sur la molle arène
> En des prés pleins de fleurs lentement se promène,
> Qu'un torrent débordé qui, d'un cours orageux,
> Roule plein de gravier sur un terrain fangeux.
>
> Et tandis qu'au fuseau la laine obéissante,
> Suit une main légère, une main plus pesante
> Frappe à coups redoublés l'enclume qui gémit,
> La lime mord l'acier et l'oreille en frémit.
>
> Soudain l'onde en grondant s'enfle dans ses prisons ;
> Un bruit impétueux roule du haut des monts,
> D'un mugissement sourd la rive au loin résonne
> Et des bois murmurants le feuillage frissonne.

(2) Tous les morceaux de poésie cités comme exemples se trouvent dans notre recueil intitulé : les *Vrais Orne-*

Les stances sont irrégulières ou régulières. Les stances irrégulières ont plus ou moins de vers, de mesures différentes, et les rimes sont diversement entremêlées : ces stances sont donc en *vers libres*. On peut citer pour exemple le *Dithyrambe sur l'immortalité de l'âme*, par Delille. (Page 109.)

Les stances régulières présentent un nombre déterminé de vers qui sont assujettis, pour le mètre, et pour le mélange des rimes, à une règle qui s'observe dans toute la pièce. Exemple : *l'Ode contre les Hypocrites*. (Page 116.)

Les *stances* se nomment *strophes* dans l'ode, et *couplets* dans la chanson.

Dans les pièces de poésie intitulées *stances*, chaque stance n'a ordinairement que quatre, cinq ou six vers. Exemple : *le Siècle Pastoral*. (Page 107.)

Une stance s'appelle *quatrain*, si elle a quatre vers; exemple : *l'Ange et l'Enfant*; — *sixain*, si elle en a six; exemple : *l'Ode sur Bonaparte*; — *huitain* ou *octave*, si elle en a huit; exemple : plusieurs strophes de la pièce intitulée *Louis XVII*, par Victor Hugo;—dixain si elle en a dix; exemple: *Ode sur la mort de J.-B. Rousseau*. (Pages 110-114.)

ments de la Mémoire, que nous avons publiés il y a plusieurs années, et dont nous préparons la 6ᵉ édition. Mais pour éviter au lecteur l'embarras des recherches, nous plaçons à la fin de ce volume (page 107), les différents morceaux cités dans ce chapitre : nous ne les donnons pas en entier, parce qu'il nous a semblé que quelques fragments suffisaient pour atteindre notre but.

On trouve encore des stances de trois vers qu'on appelle *tercets*; mais on ne peut les employer seules pour une pièce : il faut les joindre à des stances d'un plus grand nombre de vers. Les tercets proprement dits, c'est-à-dire formant une stance détachée, ne sont usités que dans la *poésie libre.*

Les vers qui se trouvent le plus souvent mélangés dans les stances, sont l'hexamètre ou alexandrin, et le vers de huit syllabes ou celui de six.

On n'emploie pas ordinairement plus de deux mesures différentes pour une stance. Le sens doit être complet à la fin de chaque stance. (1) Les stances se terminent presque toujours par une rime masculine , et elles commencent par une rime féminine ; car il ne faut pas qu'une stance se termine par une rime de même nature que celle qui commence la stance suivante.

Il faut même éviter que la rime qui termine la stance offre une consonnance avec la rime du vers suivant. Ce serait une faute, par exemple, de terminer une stance par l'adjectif *imprévu* et de mettre le mot *vue* à la rime du premier vers de la stance suivante.

Les stances doivent être en rimes croisées : les rimes plates soutiendraient mal le ton de l'ode, et manqueraient de grâce dans les stances légères.

(1) Quelquefois il n'y a qu'une simple suspension : c'est lorsqu'on annonce un discours, lorsqu'on fait une énumération, ou lorsque la strophe renferme une longue phrase secondaire commençant ordinairement par *si* ou *lorsque.*

Dans les stances de cinq vers, l'une des deux rimes est triple, tandis que l'autre n'est que double, comme on le voit dans plusieurs strophes de *la Mort de Jeanne d'Arc*. (Page 114.)

La stance de six vers, la plus employée, a ordinairement un repos après le troisième vers, rarement après le quatrième. Exemple : L'*Ode sur Bonaparte*,(p. 110) et l'ode de Jean-Baptiste Rousseau, *Sur l'aveuglement des hommes du siècle*. (P. 115.)

La stance de sept vers a un repos après le quatrième vers, de sorte qu'elle est, pour ainsi dire, formée d'un quatrain et d'un tercet. (1) Exemple : L'ode de Jean-Baptiste Rousseau, *Contre les Hypocrites*. (Page 116.)

Dans ces stances de sept vers, une des rimes de la première partie de la stance, c'est-à-dire du quatrain, passe dans la seconde partie ou tercet, et se trouve, par conséquent, répétée trois fois.

La stance de huit vers a un repos au milieu, elle est donc partagée en deux quatrains : elle se compose bien de vers de huit syllabes seuls ou mélangés avec des alexandrins. (Les alexandrins seuls ne peuvent pas être employés avec bonheur dans une stance qui a plus de six vers.)

On divise ordinairement la stance de neuf vers en un quatrain, un tercet et un distique (deux vers liés ensemble par le sens). Exemple :

> Dans ces jours destinés aux larmes,
> Où mes ennemis en fureur.

____

(1) Quelquefois le tercet précède le quatrain.

Aiguisaient contre moi les armes
De l'imposture et de l'erreur ;

Lorsqu'une coupable licence
Empoisonnait mon innocence,
Le Seigneur fut mon seul recours :

J'implorai sa toute-puissance,
Et sa main vint à mon secours.

On peut renverser cet ordre, en mettant d'abord un tercet, puis un distique, pour finir par un quatrain.

La stance de dix vers se divise en un quatrain suivi de deux tercets : le repos après le quatrain est bien marqué ; il doit être plus faible entre les deux tercets.

La stance de dix vers, de sept ou de huit syllabes, est la plus majestueuse ; c'est aussi celle qui est la plus usitée pour les odes. On en voit de beaux exemples dans l'*Ode à la Fortune*, et dans l'*Ode sur la mort de Jean-Baptiste Rousseau*. Ces deux morceaux remarquables offrent aussi le modèle de la meilleure distribution des rimes pour la stance de dix vers.

On trouve des stances de plus de dix vers ; mais elles sont peu usitées, et le goût les réprouve comme trop étendues.

DU CHOIX ET DU MÉLANGE DES STANCES.

Il en est du choix des stances, comme du choix des vers à mélanger dans la poésie libre : c'est le

goût seul qui peut indiquer le genre de stance le
plus en harmonie avec les objets qu'on doit peindre, et les sentiments qu'on veut exprimer. Tout
ce que l'on peut dire pour guider le versificateur,
c'est que les stances dont les vers sont courts et
peu nombreux conviennent plus particulièrement
aux sujets légers, aux peintures riantes; tandis
que les stances qui ont beaucoup de vers, ou seulement des vers des plus longues mesures, offrent
une harmonie grave, propre à l'expression des
pensées élevées, et à la peinture des tableaux les
plus magnifiques.

Jean-Baptiste Rousseau a choisi heureusement
le rhythme de ses odes; en voici quelques exemples :

> Seigneur, dans ta gloire adorable
> Quel mortel est digne d'entrer?
> Qui pourra, grand Dieu, pénétrer
> Ce sanctuaire impénétrable
> Où tes saints inclinés, d'un œil respectueux,
> Contemplent de ton front l'éclat majestueux?

Ces deux alexandrins, sur lesquels l'oreille se
repose après quatre petits vers, ont une dignité
conforme au sujet.

Une autre espèce de strophes, formée de quatre
alexandrins suivis de deux petits vers de trois pieds,
est très-favorable aux peintures fortes, rapides, ef-
frayantes; à tous les effets qui deviennent plus sen-
sibles quand le rhythme, prolongé dans les grands
vers, doit se briser sur deux vers d'une mesure
courte et vive. C'est le rhythme employé dans l'ode

Sur la vengeance divine, composée à l'occasion de la défaite des Turcs :

> L'ambition guidait vos escadrons rapides,
> Vous dévoriez déjà, dans vos courses avides,
> Toutes les régions qu'éclaire le soleil ;
> Mais le Seigneur se lève : il parle, et sa menace
> Convertit votre audace
> En un morne sommeil.

Les stances composées de six alexandrins et partagées en deux tercets, où deux rimes féminines sont suivies d'une masculine, ont une sorte de gravité uniforme, analogue aux idées morales : c'est le rhythme de l'ode ou plutôt des stances *Sur l'aveuglement des hommes :*

Qu'aux accents de ma voix la terre se réveille! etc. (P. 115.)

Rien de mieux approprié au sujet que le rhythme des stances adressées par Malherbe à Du Perrier, pour le consoler de la mort de sa fille :

> Ta douleur, Du Perrier, sera donc éternelle ?
> Et les tristes discours
> Que te met dans l'esprit l'amitié paternelle
> L'augmenteront toujours?

Ce petit vers qui tombe régulièrement après le premier, peint bien l'abattement de la douleur.

Quelquefois le poëte lyrique emploie alternativement deux sortes de stances dans la même pièce : on peut même, après une suite de certaines stances, placer des stances d'un autre système; c'est la pensée qui nécessite ce changement : on conçoit que si, à de gracieuses images, à des pensées riantes, le poëte doit faire succéder des tableaux grandioses, des pensées majestueuses, les deux parties de sa composition s'accommoderaient difficilement du même rhythme : dans ce cas, la diversité des stances, loin de blesser l'oreille, lui plaît au contraire, parce que cette diversité s'harmonise avec le changement des idées.

Nous ferons remarquer, en terminant, que pour se former le goût et l'oreille sur l'harmonie et la cadence de toutes les stances, sur les conditions de leurs diverses combinaisons, et sur l'art de les approprier au sujet, le meilleur ou plutôt l'unique moyen, c'est de se livrer à une étude lente et réfléchie des divers fragments indiqués comme modèles. Après avoir analysé ces exemples avec le plus grand soin, pour saisir parfaitement la qualité qu'on y cherche, il faut y revenir à plusieurs reprises : c'est une phrase musicale, un mouvement, un ton à graver dans la mémoire, avec tant de précision que la moindre faute contraire aux règles du goût, sur ce point, nous blesse aussi vivement que les contre-sens de mouvement, de ton, d'intervalle et de mesure qui échappent à un chanteur mal-habile.

EXERCICES GRADUÉS.

Nous allons donner quelques exemples des exercices gradués, (c'est-à-dire, de plus en plus difficiles), par lesquels on arrive à se familiariser avec les règles de la versification.

Notre but n'est pas de former des poètes; nous voulons seulement aider nos lecteurs à acquérir ce petit talent de société qui permet de mettre en vers, *avec rime et raison*, une inscription, une romance, un cantique, une épitaphe, une anecdote plaisante, etc.

Nous avons eu soin de choisir les sujets d'exercices en harmonie avec ce but, et de plus nous avons recherché des compositions très-peu connues, afin que l'on ait réellement à travailler, et non à se souvenir ou à copier.

Il eût été très-facile de trouver des morceaux plus brillants; mais nous croyons qu'ici, comme en tout, le bien c'est ce qui est conforme à la fin.

Nous pouvons assurer, d'après l'expérience de plusieurs années, que toute personne de bon sens qui se résignera à travailler sérieusement sur ces trente exercices, arrivera certainement à versifier avec assez de facilité et de correction; c'est-à-dire qu'elle acquerra cet humble talent de société dont nous avons parlé en commençant.

Comme l'auteur a professé pendant vingt-cinq ans, il connaît l'abus des *corrigés* livrés sans discernement à toutes les mains. On a donc imprimé, dans le même format que l'ouvrage, mais en brochure séparée, les *Rédactions corrigées des Exercices gradués de Versification*. Cette brochure forme le complément nécessaire du Traité de Versification, pour toutes les personnes sérieuses appelées à enseigner ou à s'instruire elles-mêmes : aussi l'auteur s'empressera-t-il de satisfaire aux demandes qui lui seront adressées à ce sujet. (1)

(1) On trouvera sur la couverture de ce volume l'adresse de l'auteur, et les conditions de l'envoi.

EXERCICES GRADUÉS DE VERSIFICATION.
PREMIER DEGRÉ.

—

PREMIER SUJET D'EXERCICE.
Vers de 12 pieds. — Rimes plates.

RICHESSES DE LA FRANCE.

*(A l'occasion de la première exposition de l'industrie,
après les malheurs de 1815.)*

Connaissez-vous, ami, cette terre sacrée,
A la valeur si chère, honorée des beaux-arts,
Qu'un seul cri de combats, un rayon de soleil,
Couvre soudain de fruits, de soldats et de fleurs?
Tel un épi fécond par la tempête courbé
A relevé la tête, au premier vent propice,
Encore riche et portant dans ses prisons vertes
Le grain, espoir heureux de moissons nouvelles.

—

*Comme on le voit, tous les mots de chaque vers
sont donnés: le travail consiste à les placer confor-
mément aux règles de la versification.*

—

MODÈLE DU DEVOIR
QUE L'ON DOIT RÉDIGER D'APRÈS CE SUJET.

Richesses de la France.

A l'occasion de la première exposition de l'industrie,

après les malheurs de 1815.

*Ami, connaissez-vous cette terre sacrée,
Si chère à la valeur, des beaux-arts honorée,
Qu'un rayon de soleil, un seul cri de combats,
Couvre soudain de fleurs, de fruits et de soldats?
Tel un fécond épi, courbé par la tempête,*

Au premier vent propice a relevé la tête,
Riche encore, et portant dans ses vertes prisons
Le grain, heureux espoir de nouvelles moissons.

PROSE.

Connaissez-vous, ami, cette terre sacrée où la valeur et les beaux-arts sont également en honneur, où le sol est si fertile qu'en très-peu de temps l'abondance succède à la disette, où, dès qu'une guerre est annoncée, on trouve tout de suite une armée prête à marcher? La France ressemble à l'épi courbé par la tempête, qui relève la tête dès que le temps redevient serein, et qu'un vent favorable sèche la pluie : cet épi conserve, enveloppés dans leurs balles, (1) les grains qui produiront de nouvelles moissons.

OBSERVATION IMPORTANTE.

Rien n'est plus utile que cet exercice de prose, pour amener promptement les élèves à comprendre la richesse et la justesse du langage poétique : nous ne saurions trop recommander d'y attacher, dans l'appréciation des devoirs, plus d'importance qu'aux vers eux-mêmes, afin d'exciter les élèves à rédiger cette prose le mieux qu'il leur sera possible.

DEUXIÈME SUJET D'EXERCICE.

RICHESSES DE LA FRANCE.—SUITE.

Oh! cette terre sacrée la connaissez-vous,
Du ciel amour constant et parée par ses soins;

(1) On appelle *balle* l'espèce de calice qui renferme la fleur du blé : cette enveloppe persiste ordinairement après la floraison et protège le grain, dont elle forme la *verte prison.*

Où le sol est sûr et prodigue, l'air bienfaisant,
Où roulent des flots d'azur dans leurs lits nombreux,
Dont le fils exilé au nom de France tressaille,
Où une noble espérance ne périt jamais,
Où, en un jour, se répare la perte d'un an,
Tant y presse son retour la fortune absente?
Mon pays!.... Etrangers qu'à ses fêtes il appelle,
Venez-y contempler nos conquêtes paisibles ;
Venez, et dites-nous quels orgueilleux travaux
Balancent les produits merveilleux de nos arts.
Parlez, quelle active industrie dans vos climats
Peut surpasser, que dis-je! égaler ma patrie?
Qui de vous ne l'admire et qui de vous pourrait
Ou la fuir sans regret, ou l'aborder sans joie.

L'élève doit remettre le devoir rédigé selon le modèle donné ci-dessus, c'est-à-dire :

1º LES VERS :

Oh! la connaissez-vous cette terre sacrée
Constant amour du ciel et par ses soins parée,
Où l'air est bienfaisant, le sol prodigue et sûr, etc.

2º LA PROSE :

Oh! la connaissez-vous cette terre sacrée que le ciel a toujours favorisée de ses dons, où l'air est bienfaisant, où le sol fertile donne chaque année la récolte, etc.

UN CONSEIL DICTÉ PAR L'EXPÉRIENCE.

Nous engageons vivement ceux qui enseignent, à ne jamais dicter de *corrigés* aux élèves; mais à toujours exiger que le devoir soit *remis sur le métier*, selon le conseil de Boileau, après la correction expliquée qui aura été entendue en classe. Chacun des sujets donnés ici doit donc être traité deux fois, pour le moins.

TROISIÈME SUJET D'EXERCICE.

Les lettres Ep. placées au-dessus d'un mot, indiquent que l'on doit donner à ce mot une épithète choisie avec intelligence, d'après le sens de la phrase, et propre à compléter la mesure du vers, tout en flattant l'oreille.

RICHESSES DE LA FRANCE. — SUITE.

                Epithète
A ses festins souvent les nations,
     ép.   ép.
Buvant l'oubli de leurs terres,
          ép.
S'écriaient : « Pays ! et le seul entre tous

» Qui de tous invoqué, peut de tous se passer !! »
    ép.   ép.
Et toi, Albion, son ennemie,
     ép.
De la France épiant l'agonie,
    ép.
D'un triomphe l'orgueil enflait ton sein :

Regarde, elle est debout et le glaive à la main !

Eclipsant l'adresse et l'industrie de tes fils,

Dans le Louvre nos produits étalent leur richesse.

QUATRIÈME SUJET D'EXERCICE.

Les lettres Syn. placées au-dessus d'un mot, indiquent que ce mot doit être remplacé par un synonyme, c'est-à-dire une autre expression ayant le même sens, mais plus juste, plus poétique ou plus propre à la mesure du vers. — La réunion des lettres Syn. et Ep. au-dessus du même mot, signifie que l'on doit 1° remplacer ce mot par un synonyme, 2° lui donner une épithète.

RICHESSES DE LA FRANCE. — SUITE.

ép.   Synonyme.
Là ton œil se repose (en même temps)

syn.
Sur l'argile (de l'indigent) et la coupe des rois :

syn.   syn.
Ici, (nos meilleurs imprimeurs) (ont immortalisé la pensée) :

syn.   syn.
Là, (le cours) du temps sur l'émail est (décrit) ;

syn.
Plus loin, l'art embellit de ses coûteuses (préparations)

syn.   syn.
Les (pierres) de nos (montagnes) les bois de nos forêts ;

syn.
Rival de Birmingham notre acier (brille)

syn.   syn. et ép.
Mais des (cités) voici la (troupe.)

—

CINQUIÈME SUJET D'EXERCICE.

Les lettres Périph. placées au-dessus d'une expression, indiquent que l'on doit remplacer cette expression par une périphrase, c'est-à-dire par une réunion de mots exprimant la même pensée.

RICHESSES DE LA FRANCE. — SUITE.

ép.   ép.
Nîmes, Amiens, Lyon,

syn.   syn.
Rouen et Saint-Quentin, (rivales) (de l'Angleterre),

Périphrase.
Valenciennes (célèbre par ses dentelles),

périph.
(Prouvent que la France est dans un état prospère) ;

périph.
Et (le reste des villes) se tenant par la main,

(Du sud au nord et de l'ouest à l'est),

De leurs travaux suivant la chaîne ;

Ajoutent (chacune à la gloire de la France).

SIXIÈME SUJET D'EXERCICE.

RICHESSES DE LA FRANCE.—SUITE.

A ces pompes souris, ô patrie ;

Tu souffris si longtemps, mère,

(Avec le secours) de tes (enfants) sors du lit ;

Que ton retour (à la lumière) soit pour eux le repos!

Puissent-ils (dans la suite) te voir toujours sans (pleurs)

D'un œil (regarder) et tes armes et tes arts,

Toujours, partout, dans la paix ou la guerre,

Imposer des tributs et jamais n'en (payer)!

SEPTIÈME SUJET D'EXERCICE.

Vers de 8 pieds. Strophe de six vers, suivie de deux quatrains. Rimes, 1, 2, 4, 5 féminines, 3 et 6 masculines; dans les deux quatrains, les vers 1 et 3, rimes féminines; 2 et 4, rimes masculines.

LE VÉRITABLE BIEN.

La fleur que vous avez vu paraître,

Et qui va (dans peu de temps) disparaître,

Ressemble à la beauté qu'on exalte si haut ;
L'une paraît quelques jours ;
L'autre subsiste quelques années,
Et s'altère à chaque moment.

L'esprit subsiste un peu (plus longtemps),
Mais à la fin il diminue,
Et s'il se forme (de plus en plus),
Plus il mûrit, moins il brille.

La vertu, seul trésor vrai,
Nous accompagne au-delà du tombeau,
Mais ce bien
Hélas ! on ne s'en soucie pas.

HUITIÈME SUJET D'EXERCICE.

(Vers de 10 pieds. — Rimes mêlées : 1, 3, féminines ; — 2, 4, 5, masculines ; — 6, 7, 9, féminines ; — 8, 10, masculines.)

ÉPIGRAMME.

Ce monde-ci n'est qu'une ombre
Où chacun (joue) ses rôles :
Là, sur (le théâtre), en habit,
(Étincellent), préfets, conquérants, ministres.
Pour nous, vile (populace), assis aux dernières (places)

Troupe (vaine) et des (puissants) rebutée,

Par nous d'en-bas la pièce est (entendue);

Mais, spectateurs, nous payons;

Et quand (on joue mal),

Pour notre argent nous sifflons les (comédiens).

———

NEUVIÈME SUJET D'EXERCICE.

*(Strophes de 4 vers de huit pieds.—Rimes mêlées:
1ère Strophe, Deux féminines entre deux masculines. — 2me Strophe, Deux masculines entre
deux féminines. — 3me Strophe, Une masculine,
une féminine, une masculine et une féminine.)*

LA ROSE.

Aimable fleur du printemps,

Rose chérie, que tu me plais!

Mais à peine épanouie hélas!

Tu perds ta couleur.

Toutefois quand le sort

A décidé ta fin,

Au lieu de ton éclat,

Quelque parfum nous reste de toi.

Ainsi quand ici-bas d'un sage

La paupière est soudain fermée,

Après son trépas, il nous reste

Le souvenir de sa réputation.

DIXIÈME SUJET D'EXERCICE.

LE SECRET DE POLICHINELLE.

(Les vers sont de différentes mesures. Les rimes sont ainsi entremêlées :
Des quatre premières rimes, la 1ère est masculine, la 2me et la 3me sont féminines, la 4me est masculine.
Parmi les quatre suivantes, la 1ère est féminine, la 2me masculine, la 3me féminine et la 4me masculine.
Le 9me vers doit finir par une féminine, le 10me et le 11me chacun par une masculine, et le dernier par une féminine.)

12 pieds

Je rectifie une (chose) qu'on n'a jamais (connue);

Erreur des générations,

Erreur que partage aussi Voltaire avec Fréron :

Amis, Polichinelle n'était pas né bossu,

10 Quoique l'histoire en ait dit.

12 Sur plus d'un autre point elle se trompe aussi.

6 Monsieur Polichinelle

12 Grasseyait bien un peu, mais ne bredouillait (pas).

8 Pour (posséder) un peu de mémoire,

10 Se croyant tout donné en fait d'esprit,

12 (A la scène) adonné, Monsieur Polichinelle

Fondait sa fortune et sa (renommée) sur ce bel art.

ONZIÈME SUJET D'EXERCICE.

Les vers sont de différentes mesures. — Les rimes sont entremêlées comme il suit :
Pour les quatre premiers vers, deux féminines entre deux masculines ; dans les quatre suivants, ce sont les deux masculines qui sont intercalées entre les deux féminines ; viennent ensuite deux masculines, puis un quatrain où deux masculines sont entre deux féminines.

LE SECRET DE POLICHINELLE.—SUITE.

12
pieds
Il voulait (les deux), assez mal à propos.
(Une nuit) donc il (commence) (en habit) tragique,
Ignorant, (l'imbécile), qu'un héroïque habit

8 Veut une (stature) de héros.

12 Aussi (ses beaux habits)

Font-ils (apercevoir) aux (moins attentifs),

Ce qui, sous des habits (ordinaires),

N'avait frappé personne encore :

8
pieds
Son dos un peu trop (rond).

Son ventre un peu trop (gros),

Son (visage) un peu trop (rouge),

Mais que dirai-je de sa (parole) ?

(Figurez)-vous mon (mauvais plaisant)

12 Grasseyant Corneille et psalmodiant Racine.

DOUZIÈME SUJET D'EXERCICE.

Les vers sont de différentes mesures. — Les rimes sont ainsi entremêlées : Les deux premiers vers, rimes masculines ; — vient ensuite un quatrain où deux masculines sont intercalées entre deux féminines ; pour les huit derniers vers, rimes mêlées.

LE SECRET DE POLICHINELLE.—SUITE.

8 { On n'y (résista) pas : il fut hué, [syn.]

{ Baffoué, conspué, sifflé.

12 Un autre en serait mort ou de (fureur) ou de honte, [syn.]

8 { Lui, plus sensé, n'en (trépassa) point, [syn.] [syn.]

{ Et crut même de cette (déconfiture) [syn.]

{ Pouvoir tirer quelque (profit). [syn]

12 pieds Mes (travers) sont connus : pourquoi m'en désoler ? [syn.] [syn.]

8 pieds { Mieux vaudrait les mettre (en vogue). [syn.]

{ Je ne saurais (m'en défaire), [syn.]

{ (Rien de plus simple), affichons-les. [syn.]

{ Il est plusieurs (illustrations) : [syn.]

{ Gens à scrupule, hommes de goût,

{ La vôtre est dans vos (talents), [syn.]

{ La nôtre est dans nos (drôleries). [syn.]

—

TREIZIÈME SUJET D'EXERCICE.

Les vers sont de différentes mesures. — Les

rimes sont entremêlées comme il suit : Pour les vers 1 et 3, rimes masculines ; 2 et 4 féminines ; viennent ensuite deux masculines ; dans les cinq vers suivants, trois masculines entre deux féminines ; pour les cinq derniers vers, 1, 2, 4, rimes masculines ; 3 et 5, rimes féminines.

LE SECRET DE POLICHINELLE. — FIN.

12 Il dit, et, sur son dos qui n'était que voûté,

              ép.
8   Il ajoute une bosse,

            ép.
    Et son ventre est surmonté

                 syn.
7 D'un ventre de même (dimension).

                     syn.
12 Puis vêtu d'un habit (de plusieurs morceaux d'étoffe),

      syn.
    Il (couvre) de vermillon

     syn.   syn.
8   Sa (figure) déjà (rouge),

    Prends des sabots, des manchettes.

   syn.   périph.
12 Fécond (en plaisanteries),

        syn.   syn.
    Il (ne laisse rien passer) pour plaire aux imbéciles

              syn.
    Et plaît presque à (tous).

    A ce que j'ai dit ajoutons

                   syn.
8   Que tel qui tout bas (se félicite)

        ép.
    De la faveur,

    Ne doit son crédit et sa vogue

    Qu'au secret de Polichinelle.

QUATORZIÈME SUJET D'EXERCICE.

Stances de quatre vers, dont les trois premiers sont de 12 pieds et le dernier de 8. — Rimes croisées, commençant par une féminine. — Les lettres chang. placées au-dessus d'un mot, indiquent qu'il faut mettre ce mot au pluriel, ou le changer en un autre qui ne soit pas précisément un synonyme, mais un équivalent.

LA SOLITUDE.

I.

ép.
Qu'un autre sur les pas de la jeunesse
ép.
S'enivre du nectar d'un monde ;
ép.
Et, vidant la coupe des plaisirs ;
syn
(Se flatte) d'échapper au malheur.

II.

périph.
Pour moi, qui (vais mourir) jeune encore,
Je fus trop abreuvé du philtre empoisonneur,
syn.
Je veux, je veux t'attendre dans un désert,
syn.
Bonheur (céleste) que j'ai rêvé.

III.

ép.   ép.
Forêts, lac, solitude,
syn.
Berceau de (ma jeunesse), asiles d'un moment,
syn.   ép.
Cachez, cachez (la fin) d'une vie
périph
Jusqu'au tombeau.

IV.

(Sur le versant) des côteaux, dans les vallons,
Arbres, sous vos rameaux,
Je trouve ce repos dont (le bruit) des villes
Ne vient (pas) troubler (le calme).

———

QUINZIÈME SUJET D'EXERCICE.

LA SOLITUDE. — SUITE.

V.

Volupté du malheur, mélancolie,
Tu répands dans les cœurs tes biens
(Au commencement de) (la nuit), où l'âme
Soupire un chant.

VI.

Un rayon (de la lune),

Beau lac! glisse incertain sur tes eaux :

Moi, j'endors ma douleur sur ton bord,

Aux soupirs de tes roseaux.

VII.

Je suis d'un œil rêveur, la feuille
Qu'entraînent (les vents).
A la fin de sa vie ainsi tout homme parvient :
En demeure-t-il un souvenir !

VIII.

ép.   ép.
Le tintement de la cloche
  syn.   syn.   chang.
Retentit et s'unit au bruit du vent.
          périph.
Je vais (prier à la vieille église),
  syn.   syn.   syn.
(La sainte Vierge) (y fait entendre sa voix) aux fidèles.

———

SEIZIÈME SUJET D'EXERCICE.

LA SOLITUDE. — SUITE.

IX.

  syn.   chang.   syn.
Là, solitaire, je prie encore quand le peuple sort;
        syn.   ép.
Exhalez-vous, paroles, soupirs !
      syn.   syn.
Larmes, voluptés du cœur que méprise la foule,
                chang.
Dieu, du haut du ciel vous sourit.

X

      ép.   ép.
Salut ! Croix, enceinte
  syn.   périph. et syn.
Où reposent (ceux du village qui sont morts) !
                syn.   ép.
Voyageur (hors de ma patrie), sur leur cendre,
  syn.   syn.   syn.
Je songe au repos de la tombe.

XI.

            périph.
Ils ont vécu (dans le malheur),
    syn.   syn
Mais l'espérance, comme à nous, leur (fit entrevoir une autre vie)
                syn.
Dans le champ (des tombeaux), sur la foi de son Dieu,
                        syn.
Heureux qui trouve leur repos !

BIBLIOTHÈQUE IMPÉRIALE

ép.   syn,
Autels, nature, espoir, avenir,
  syn.   syn.
Agréments des premières années détruits par le monde,
                                          ép.
Rendez-moi tous vos dons ! de mon existence
                          syn.
    Bercez encore les chagrins.

XII.

  périph.
(Je sourirai alors.)
                                ép.
Vos biens me suffiront dans ces lieux,
      ép.
Car le bonheur que désire mon âme,
                          chang.
    Je ne l'attends (qu'au ciel).

EXERCICES GRADUÉS DE VERSIFICATION.
DEUXIÈME DEGRÉ.

—

Les modifications, les additions à faire dans chaque vers ne sont plus indiquées.

On peut ne plus s'astreindre à écrire la prose : il suffit de la faire de vive-voix ou mentalement.

—

DIX-SEPTIÈME SUJET D'EXERCICE.
Vers de 12 pieds ; — Rimes plates.

MÉDITATION SUR LES RUINES DE ROME.

2 vers. { Qu'il est triste l'aspect de ces plaines immenses, où le temps foule aux pieds la vanité romaine !

4 vers. Où l'aqueduc en ruine sert d'asile aux corbeaux ; où, à l'ombre des sépulcres, le buffle mange ; où, parmi les débris des colonnes, le grillon en paix, sous les herbes, chante son refrain ;

2 vers. Où, fuyant au bruit des pas du voyageur, le lézard choisit l'urne d'un empereur pour retraite.

4 vers. Pourtant j'aime à attacher mes yeux et ma pensée sur ces restes d'une gloire détruite ; à voir le lierre avide couvrir les riches demeures de ces morts tout-puissants à jamais disparus.

4 vers. Moi, faible inconnu, qui passe comme l'ombre, qui mourrai sans laisser aucun souvenir, aucune trace, je souris en marchant sur la cendre de ces générations qui furent l'effroi d'un si grand nombre de peuples.

DIX-HUITIÈME SUJET D'EXERCICE.

Vers de 10 pieds, — Rimes plates.

ÉPIGRAMME SUR LES MAUVAIS RIMEURS.

4 vers. Si une fois la passion d'écrire vient par malheur fixer son siége dans la tête d'un rimeur dépourvu de bon sens, et enflé de soi-même,

4 vers. C'est un ulcère tenace, une gale qui corrompt toute la masse de son sang, engourdit son âme, et lui rend insipide toute honnête et sérieuse occupation.

2 vers. Oisif et devenu le jouet de son frivole talent, n'attendez de lui rien de bon, ni rien d'utile.

6 vers.
> Car pour peu que quelque trait saillant,
> quelque mot brillant ou quelque antithèse,
> vienne s'offrir à sa vue , par un éclair de
> lumière à laquelle il ne s'attendait point,
> cela suffit ; tout le reste va bien : pour lui,
> la chose ne fait rien, le mot fait tout.

DIX-NEUVIÈME SUJET D'EXERCICE.

SUR LES MAUVAIS RIMEURS. — SUITE.

1 vers.
> Quelques fats ensuite diront qu'il est
> un modèle.

3 vers.
> Mais le public est rebelle à ce qu'ils
> disent, et sait juger notre héros, non pas
> sur ses grands mots, mais sur son mérite.

2 vers.
> Apprenez donc qu'un suffrage ignorant
> n'est pas moins insensé qu'une œuvre
> ignorante.

4 vers.
> Ah ! maudit soit un trio de pédants à
> poil follet, de marmousets , qui , sans
> science, sans principes, sans règles, s'é-
> rigent en prototypes du bel esprit,

2 vers.
> Tranchent sur toutes choses, et veulent
> quand même nous apprendre ce qu'ils
> ne savent pas.

VINGTIÈME SUJET D'EXERCICE.

Vers libres ; — Rimes mêlées. (1)

BON MOT D'UN PEINTRE.

(Anecdote historique.)

5 vers
de
12 pieds.
> Le peintre Lantara, de bachique souve-
> nir, qui, possédant un talent réellement
> original, passa sa vie au cabaret, mourut
> à l'hospice, et se glorifiait, dit-on, de sa
> misère, avait exécuté un tableau pour un
> amateur opulent.

(1) Exemple : *Adieux de Gresset aux Jésuites.* (P. 108)

6 pieds. C'était un paysage riant :

3 vers de 10 pieds. { Une source, un temple, un manoir, des prairies, des bocages, mais pas un seul homme. Un dimanche, il porta son travail

4 vers de 8 pieds, 1 de 10, 1 de 12. { Chez l'amateur qui, ne se contentant pas de payer notre peintre en argent comptant, le combla encore d'éloges. Un artiste n'est jamais insensible aux dons,

2 vers de 8 pieds. { Et moins encore aux paroles flatteuses. Aussi celui dont nous parlons était aux anges.

———

VINGT-ET-UNIÈME SUJET D'EXERCICE.

BON MOT D'UN PEINTRE.—SUITE.

3 vers : 1er 10 p. 2e 12 3e 8 { Bravo ! disait l'acheteur, la couleur est agréable, le dessin correct, j'admire la perspective.

1 vers de 12 pieds. { Le contraste du jour et des ombres est heureux.

2 vers : 12 p. 8 p. { Cependant il manque quelque chose à cette peinture, je suppose que c'est un oubli.

3 vers : 10 p. 8 p. 12 p. { Et tel qu'il est, je le trouve beau ; mais je l'aimerais encore plus s'il renfermait quelque être animé.

2 vers : 8 p. 10 p. { Ce clocher indique un hameau, j'en voudrais voir au moins quelque habitant.

4 vers : 10 p. 12 » 8 » 12 » { Vous en verrez, ajoutez foi à ma promesse, lui répond Lantara, mais par malheur, c'est impossible maintenant : c'est aujourd'hui dimanche, tous les villageois sont allés à la messe.

VINGT-DEUXIÈME SUJET D'EXERCICE.

Vers de 8 pieds. Stances de 4 vers. Rimes croisées.

A UN CHEVRIER QUI SOUHAITAIT LA FORTUNE.

I.

Enfant, qui promènes chaque jour ton troupeau sur la montagne, et qui le reconduis chaque soir, en chantant, dormir au village.

II.

. Tu ignores combien ton existence a de douceur et de charmes ; puisque, dans ton envie, déjà tu rêves grandeurs et richesses.

III.

Tu penses que la magnificence doit épargner les douleurs à l'homme, et que les yeux du riche ne versent jamais de larmes.

VINGT-TROISIÈME SUJET D'EXERCICE.

A UN CHEVRIER QUI SOUHAITAIT LA FORTUNE. — SUITE.

IV.

Combien tu te trompes, berger aux cheveux blonds! Ah! si le monde t'était connu, tu plaindrais ceux qui passent pour heureux.

V.

Enfant, que ta bouche ne murmure donc plus de ton sort. Va! Dieu t'a fait chevrier, pour te donner les vertus et la paix.

VI.

Le petit lac des montagnes que tu connais, garde toujours son azur, mais le fleuve des campagnes charrie souvent un impur limon.

VINGT-QUATRIÈME SUJET D'EXERCICE.

Vers de 8 pieds. Rimes croisées. Stances de 8 vers.

A MARIE.

I.

Quel est ce jour nouveau dont le lever est si
magnifique? Qu'il est beau! Qu'il est brillant!
Y a-t-il des astres plus radieux? Repliant tes
voiles, trop longue nuit, retourne aux enfers, et
délivre enfin ce monde de l'empire des ténèbres.

II.

Comment a-t-elle calmé la fureur du juge qui ne
pardonne pas? Comment a-t-elle évité l'infortune
d'une mère coupable? Voit-on sortir des rameaux
d'une tige morte, et croître des fruits sur une
branche flétrie?

III.

Marie, ton cœur est innocent au milieu d'un
peuple impur, et tu te montres sans tache aux yeux
ravis de surprise : tel s'élève un temple parmi des
ruines ; ou tel s'élance un lys du milieu des épines.

VINGT-CINQUIÈME SUJET D'EXERCICE.

SUITE DES STANCES A MARIE.

IV.

Du haut du ciel sois sensible à nos maux,
Vierge puissante. Hélas! nous traînons les anneaux
d'une lourde chaîne! Sommes-nous destinés à vivre toujours au milieu des inquiétudes? Sommes-
nous condamnés par le ciel à nous nourrir d'un
pain de pleurs?

V.

N'oublie pas qu'en brisant la tête du plus féroce

de nos tyrans, tu fais la conquête du monde, et tu deviens notre mère. Jésus t'a placée sur le trône afin de fléchir son courroux; si ton amour nous délaisse, qui pourra apaiser sa colère contre nous?

—

VINGT-SIXIÈME SUJET D'EXERCICE.

Vers de 12 pieds. — Rimes plates.

UNE REVUE.

On tire le canon et les soldats prennent leurs rangs. (2 vers.)

Là, on voit les artilleurs qui, grâces aux calculs mathématiques, dirigent avec précision les boulets. (4 vers.)

Là, les grenadiers coiffés de grands bonnets à poils. (2 vers.)

Là, les hussards qui portent de grands sabres traînants. (2 vers.)

Et les lanciers. (2 vers.)

Et les dragons dont les casques sont ornés de longues crinières. (2 vers.)

Et les cuirassiers, qui montent des chevaux noirs. (2 vers.)

EXERCICES GRADUÉS DE VERSIFICATION.

TROISIÈME DEGRÉ.

Mesure et rimes à volonté.

—

VINGT-SEPTIÈME SUJET D'EXERCICE.

BOUTADE CONTRE L'ARGENT.

Maudit métal, cause de nos maux, origine de la

misère, source des vols, des meurtres, et de la guerre, dans tes effets quel contraste affligeant !

Tu es le mobile de l'activité humaine, la condition des travaux utiles, des progrès des arts, et la récompense de tous ceux qui produisent.

Tu donnes le moyen de mener une vie de plaisir ; tu nous concilies la bienveillance des hommes ; tu donnes du charme aux loisirs, et un remède contre les chagrins.

Mais, d'un autre côté, tu engendres la fourberie et la mauvaise foi. Tous les hommes sont tes victimes : tu perds les uns par l'opulence, et tu écrases les autres par la misère. Aussi je suis contraint de répéter :

Maudit métal, cause de nos maux, etc.

VINGT-HUITIÈME SUJET D'EXERCICE.

Romance.

L'ANGELUS DE L'OUVRIER.

Montrez, dans une suite de couplets, que la sonnerie de l'*Angelus* au matin, à midi, et au soir, excite l'ouvrier au travail, — l'encourage et le soutient dans la fatigue, — et devient le signal du repos et des jouissances du soir, au sein de la famille.

VINGT-NEUVIÈME SUJET D'EXERCICE.

ÉPITAPHE.

Sur la tombe d'une fille unique, âgée de 18 ans, enlevée à son malheureux père, veuf depuis peu d'années. (La famille était pieuse.)

TRENTIÈME SUJET D'EXERCICE.

CANTIQUE.

*(Traduction de l'anglais à imiter largement,
pour réduire le morceau en strophes courtes,
faciles à mettre en musique.)*

PLAINTES DU CŒUR DE JÉSUS.

Dis-moi, mon peuple, oh! dis-moi, pourquoi tant d'ingratitude! Comment restes-tu si froid auprès des ardeurs de mon amour? Ne suis-je pas ton ami? n'ai-je pas donné ma vie pour ta rançon? Serai-je toujours réduit à me plaindre de l'inutilité de mon amour?

Vit-on jamais un père tant souffrir pour son enfant? Vit-on jamais un enfant donner à son père tant de raisons de gémir? Et cependant mon cœur blessé ne sait se venger qu'en t'offrant le pardon, et son amour. Reviens donc à moi, et ne repousse pas les avances de ma miséricorde.....

Mon cœur n'exige point de grands sacrifices: à l'homme coupable je ne demande qu'un peu d'amour; et l'ingrat, il n'a pour moi que de la haine! Il obéit aux tristes inspirations de ses mauvais penchants, et il ferme l'oreille à son Seigneur, à son Dieu qui l'appelle! Plus je le presse, et moins il écoute ma voix!...

— C'en est fait, ô doux Jésus, nous nous rendons à votre appel; nous vous donnons nos cœurs que vous demandez; nous vous consacrons et notre vie, et notre liberté, et tout ce que nous sommes. Désormais les charmes trompeurs du monde ne sauront nous arracher de vos bras. Satan ne pourra plus ravir nos cœurs à votre amour, pour les donner au péché votre ennemi.

FIN DES EXERCICES.

CITATIONS

DES DIVERS MORCEAUX OU FRAGMENTS INDIQUÉS
COMME EXEMPLES.

—

L'ANGE ET L'ENFANT.

*Élégie adressée à une mère qui avait perdu son enfant au
berceau.*

Un ange au radieux visage
Penché sur le bord d'un berceau,
Semblait contempler son image,
Comme dans l'onde d'un ruisseau.

— « Charmant enfant qui me ressemble,
« Disait-il, oh! viens avec moi!
» Viens, nous serons heureux ensemble,
» La terre est indigne de toi.

» Là, jamais entière allégresse;
» L'âme y souffre de ses plaisirs :
» Les cris de joie ont leur tristesse,
» Et les voluptés leurs soupirs.

» La crainte est de toutes les fêtes ;
» Jamais un jour calme et serein
» Du choc ténébreux des tempêtes
» N'a garanti le lendemain. »   REBOUL.

—

LE SIÈCLE PASTORAL.

Précieux jours, dont fut ornée
La jeunesse de l'univers,
Par quelle triste destinée
N'êtes-vous plus que dans nos vers !

La terre aussi riche que belle,
Unissait, dans cet heureux temps,
Les fruits d'une automne éternelle
Aux fleurs d'un éternel printemps.

Vous n'étiez point dans ces années,
Vices, crimes tumultueux :

Les passions n'étaient point nées,
Les plaisirs étaient vertueux.

Sophismes, erreurs, imposture,
Rien n'avait pris votre poison :
Aux lumières de la nature
Les bergers bornaient leur raison.

Sur leur république champêtre
Régnait l'ordre, image des cieux.
L'homme était ce qu'il devait être.
On pensait moins, on vivait mieux.

On ignorait dans leurs retraites
Les noirs chagrins, les vains désirs,
Les espérances inquiètes,
Les longs remords des courts plaisirs.

Tous dans d'innocentes délices,
Unis par des nœuds pleins d'attraits,
Passaient leur jeunesse sans vices,
Et leur vieillesse sans regrets.   GRESSET.

ADIEUX DE GRESSET AUX JÉSUITES. (1)

Je dois tous mes regrets aux sages que je quitte,
J'en perds avec douleur l'entretien vertueux;
Et si dans leurs foyers désormais je n'habite,
Mon cœur me survit auprès d'eux.

(1) On sait que Gresset dut sortir de la compagnie des Jésuites à cause du fâcheux éclat que fit le poëme intitulé *Vert-Vert*, dans lequel l'auteur s'amuse à tourner en ridicule les religieuses d'un couvent de l'ordre de la Visitation. On conçoit que la légèreté d'une pareille production ne pouvait se concilier avec la gravité du caractère religieux. A cette époque, les Jésuites étaient en butte aux accusations les plus violentes. Gresset avait vécu chez eux comme un frère, il les connaissait donc intimement. Esprit léger, mais homme droit et franc, Gresset eut la noble pensée de protester contre les calomnies par lesquelles on noircissait dès lors la réputation de l'ordre illustre auquel il avait appartenu, et qui était contraint de l'exclure. L'esprit anti-monastique qui règne dans les poésies de Gresset rend son témoignage précieux. Dans la bouche d'un homme qui ne parle ordinairement des couvents que pour en rire et en plaisanter, cet hommage rendu aux Jésuites devient une réfutation puissante des diatribes encore débitées de nos jours par *la ténébreuse calomnie*. Les vers que Gresset adressait à un de ses amis, en quittant les Jésuites, sont rarement cités, bien qu'ils fassent également honneur au talent et au cœur du poëte.

Car ne les crois pas tels que la main de l'envie
 Les peint à des yeux prévenus.
Si tu ne les connais que sur ce qu'en publie
 La ténébreuse calomnie,
 Ils te sont encore inconnus.
Lis, et vois de leurs mœurs des traits plus ingénus.
Qu'il m'est doux de pouvoir leur rendre un témoignage
Dont l'intérêt, la crainte, et l'espoir sont exclus !
 A leur sort le mien ne tient plus,
L'impartialité va tracer leur image.
Oui, j'ai vu des mortels, j'en dois ici l'aveu,
 Trop combattus, connus trop peu ;
J'ai vu des esprits vrais, des cœurs incorruptibles,
Voués à la Patrie, à leurs Rois, à leur Dieu,
 A leurs propres maux insensibles,
Prodigues de leurs jours, tendres, parfaits amis,
 Et souvent bienfaiteurs paisibles
 De leurs plus fougueux ennemis,
 Trop estimés enfin pour être moins haïs.

Que d'autres, s'exhalant dans leur haine insensée,
 En reproches injurieux,
Cherchent en les quittant à les rendre odieux.
Pour moi, fidèle au vrai, fidèle à ma pensée,
C'est ainsi qu'en partant je leur fais mes adieux.
Gresset.

DITHYRAMBE SUR L'IMMORTALITÉ DE L'AME. (1)

 Non, ce n'est point un vain système,
C'est un instinct profond vainement combattu :
 Et sans doute l'Etre suprême
 Dans nos cœurs le grava lui-même
Pour combattre le vice, et servir la vertu.
 Dans sa demeure inébranlable,
 Assise sur l'éternité,
 La tranquille immortalité,

(1) On donne le nom de dithyrambe à une espèce d'ode qui se distingue par l'irrégularité qu'un enthousiasme impétueux jette dans les mesures, et les stances. Le dithyrambe de Delille est une pièce de circonstance, dont la hardiesse pouvait lui coûter la vie. Ce fut à la demande des tyrans de 1795 qu'il le composa, mais ce fut contre eux qu'il le dirigea. L'on ne sait ce qu'on doit le plus admirer, ou des menaces et des imprécations qu'il lance sur eux, ou des paroles de consolation et d'encouragement qu'il adresse à leurs victimes.

Propice au bon , et terrible au coupable ,
Du temps , qui sous ses yeux marche à pas de géant ,
Défend l'ami de la justice ,
Et ravit à l'espoir du vice
L'asile horrible du néant.

Oui : vous qui, de l'Olympe usurpant le tonnerre,
Des éternelles lois renversez les autels,
Lâches oppresseurs de la terre,
Tremblez , tyrans, vous êtes immortels !

Et vous , vous du malheur victimes passagères,
Sur qui veillent d'un Dieu les regards paternels,
Voyageurs d'un moment aux terres étrangères,
Consolez-vous, vous êtes immortels !
Eh ! quel cœur ne se livre à ce besoin suprême ?
L'homme agité d'espérance et d'effroi ,
Apporte ce besoin d'exister après soi.
Dans l'asile du trépas même ,
Un sépulcre à ses pieds et le front dans les cieux ,
La pyramide qui s'élance
Jusqu'au trône éternel va porter l'espérance
De ce cadavre ambitieux.
Sur l'airain périssable il grave sa mémoire,
Hélas ! et sa fragilité ;
Et sur ces monuments, témoins de sa victoire,
Trop frêles garants de sa gloire,
Fait un essai mortel de l'immortalité.   DELILLE.

BONAPARTE.

Sur un écueil battu par la vague plaintive (1),
Le nautonier de loin voit blanchir sur la rive,
Un tombeau près du bord par les flots déposé.
Le temps n'a pas encor bruni l'étroite pierre,
Et sous le vert tissu de la ronce et du lierre,
On distingue... un sceptre brisé !

Ici gît... point de nom... Demandez à la terre !
Ce nom ? Il est inscrit en sanglants caractères,
Des bords du Tanaïs au sommet du Cédar,
Sur le bronze et le marbre, et sur le sein des braves,

(1) Le rocher de l'île Ste-Hélène, dans l'Océan Atlantique , entre l'équateur et le tropique du Capricorne.

Et jusque dans le cœur de ces troupeaux d'esclaves
    Qu'il foulait tremblants sous son char.

Il est là !.... Sous trois pas un enfant le mesure !
Son ombre ne rend pas même un léger murmure !
Le pied d'un ennemi foule en paix son cercueil !
Sur ce front foudroyant le moucheron bourdonne,
Et son ombre n'entend que le bruit monotone
    D'une vague contre un écueil.

Ne crains pas cependant, ombre encore inquiète,
Que je vienne outrager ta majesté muette !
Non, la lyre au tombeau n'a jamais insulté.
La mort fut de tout temps l'asile de la gloire ;
Rien ne doit jusque-là poursuivre une mémoire,
    Rien.... excepté la vérité.

Les dieux étaient tombés, les trônes étaient vides.
La victoire te prit sur ses ailes rapides.
D'un peuple de Brutus la gloire te fit roi.
Ce siècle dont l'écume entraînait dans sa course
Les mœurs, les rois, les dieux... refoulé vers sa source
    Recula d'un pas devant toi.

Etre d'un siècle entier la pensée et la vie,
Emousser le poignard, décourager l'envie,
Ebranler, raffermir l'univers incertain,
Aux sinistres clartés de la foudre qui gronde,
Vingt fois contre les dieux jouer le sort du monde :
    Quel rêve!!! et ce fut ton destin.

LAMARTINE.

—

LOUIS XVII.

Le jeune Dauphin, désigné dans le morceau suivant sous le nom de Louis XVII, fut enfermé, en 1792, dans la tour du Temple, avec la reine sa mère, et son père Louis XVI, roi de France. Le roi et la reine sortirent bientôt de la geôle pour monter sur l'échafaud, et le jeune Louis XVII resta orphelin dans la prison. Le poëte feint que cet enfant vient d'expirer pendant son sommeil ; et que son âme s'envole de la prison au ciel, où les anges accourent à sa rencontre.

En ces temps-là, du ciel les portes d'or s'ouvrirent ;
Du saint des saints ému les feux se découvrirent ;
Tous les cieux un moment brillèrent dévoilés ;
Et les élus voyaient, lumineuses phalanges,
Venir une jeune âme entre de jeunes anges
   Sous les portiques étoilés.

C'était un bel enfant qui fuyait de la terre ;
Son œil bleu du malheur portait le signe austère ;
Ses blonds cheveux flottaient sur ses traits pâlissants ;
Et les vierges du ciel, avec des chants de fête,
Aux palmes du martyre unissaient sur sa tête
   La couronne des innocents.

On entendit des voix qui disaient dans la nue :
— « Jeune ange, Dieu sourit à ta gloire ingénue ;
Viens, rentre dans ses bras pour ne plus en sortir ;
Et vous qui du Très-Haut racontez les louanges,
   Séraphins, prophètes, archanges,
Courbez-vous, c'est un roi ; chantez, c'est un martyr ? »

— « Où donc ai-je régné ? » demandait la jeune ombre.
« Je suis un prisonnier, je ne suis point un roi.
Hier je m'endormis au fond d'une tour sombre.
Où donc ai-je régné ? Seigneur, dites-le-moi.
Hélas ! mon père est mort d'une mort bien amère,
Ses bourreaux, ô mon Dieu, m'ont abreuvé de fiel ;
Je suis un orphelin ; je viens chercher ma mère,
   Qu'en mes rêves j'ai vue au ciel. »

Les anges répondaient : — « Ton Sauveur te réclame.
Ton Dieu d'un monde impie a rappelé ton âme.
Fuis la terre insensée où l'on brise la Croix,
Où jusque dans la mort descend le régicide,
   Où le meurtre, d'horreur avide,
Fouille dans les tombeaux pour y chercher des rois !

— « Quoi ! de ma longue vie ai-je achevé le reste ? »
Disait-il : « tous mes maux les ai-je enfin soufferts ?
Est-il vrai qu'un geôlier, de ce rêve céleste
Ne viendra pas demain m'éveiller dans mes fers !
Captif, de mes tourments cherchant la fin prochaine,
J'ai prié : Dieu veut-il enfin me secourir ?
Oh ! n'est-ce pas un songe ? A-t-il brisé ma chaîne ?
   Ai-je eu le bonheur de mourir ?

» Car vous ne savez point quelle était ma misère?
Chaque jour dans ma vie amenait des malheurs ;
Et lorsque je pleurais, je n'avais pas ma mère,
Pour chanter à mes cris, pour sourire à mes pleurs.
D'un châtiment sans fin languissante victime,
De ma tige arraché comme un tendre arbrisseau,
J'étais proscrit bien jeune, et j'ignorais quel crime
    J'avais commis dans mon berceau.

» Et pourtant, écoutez : bien loin dans ma mémoire,
J'ai d'heureux souvenirs avant ces temps d'effroi,
J'entendais en dormant des bruits confus de gloire,
Et des peuples joyeux veillaient autour de moi.
Un jour tout disparut dans un sombre mystère ;
Je vis fuir l'avenir à mes destins promis ;
Je n'étais qu'un enfant, faible et seul sur la terre,
    Hélas ! et j'eus des ennemis !

» Ils m'ont jeté vivant sous des murs funéraires ;
Mes yeux voués aux pleurs n'ont plus vu le soleil ;
Mais vous que je retrouve, anges du ciel, mes frères,
Vous m'avez visité souvent dans mon sommeil.
Mes jours se sont flétris dans leurs mains meurtrières,
Seigneur, mais les méchants sont toujours malheureux ;
Oh ! ne soyez pas sourd comme eux à mes prières,
    Car je viens vous prier pour eux.   Victor Hugo.

—

ODE SUR LA MORT DE J.-B. ROUSSEAU.

    D'une brillante et triste vie
    Rousseau quitte aujourd'hui les fers,
    Et loin du ciel de sa patrie
    La mort termine ses revers.
    D'où ses maux ont-ils pris leur source ?
    Quelles épines dans sa course
    Etouffaient les fleurs sous ses pas !
    Quels ennuis ! quelle vie errante !
    Et quelle foule renaissante
    D'adversaires et de combats !

    Vous dont l'inimitié durable
    L'accusa de ces chants affreux,
    Qui méritaient, s'il fut coupable,
    Un châtiment plus rigoureux ;

Dans le sanctuaire suprême,
Grâce à vos soins, par Thémis même
Son honneur est encor terni.
J'abandonne son innocence;
Que veut de plus votre vengeance?
Il fut malheureux et puni.

Du sein des ombres éternelles
S'élevant au trône des Dieux,
L'envie offusque de ses ailes
Tout éclat qui frappe ses yeux.
Quel ministre, quel capitaine,
Quel monarque vaincra sa haine
Et les injustices du sort?
Le temps à peine les consomme;
Et quoi que fasse le grand homme,
Il n'est grand homme qu'à sa mort.

Le Nil a vu sur ses rivages
De noirs habitants des déserts,
Insulter par leurs cris sauvages
L'astre éclatant de l'univers.
Cris impuissants! fureurs bizarres!
Tandis que ces monstres barbares
Poussaient d'insolentes clameurs,
Le dieu, poursuivant sa carrière,
Versait des torrents de lumière
Sur ses obscurs blasphémateurs.

LEFRANC DE POMPIGNAN.

MORT DE JEANNE D'ARC.

A qui réserve-t-on ces apprêts meurtriers?
Pour qui ces torches qu'on excite?
L'airain sacré tremble et s'agite....
D'où vient ce bruit lugubre? Où courent ces guerriers,
Dont la foule à longs flots roule et se précipite?

La joie éclate sur leurs traits;
Sans doute l'honneur les enflamme;
Ils vont pour un assaut former leurs rangs épais...
— Non, ces guerriers sont des Anglais
Qui vont voir mourir une femme !

Du Christ, avec ardeur, Jeanne baisait l'image ;
Ses longs cheveux épars flottaient au gré des vents :
Au pied de l'échafaud, sans changer de visage,
    Elle s'avançait à pas lents.

Tranquille elle y monta ; quand, debout sur le faîte,
Elle vit ce bûcher qui l'allait dévorer,
Les bourreaux en suspens, la flamme déjà prête,
Sentant son cœur faillir, elle baissa la tête,
    Et se prit à pleurer.   Casimir Delavigne

Ainsi que dans plusieurs autres morceaux, nous nous bornons à donner les strophes utiles comme exemples cités dans le traité de versification. Mais, cette fois, c'est avec une vive satisfaction que nous restreignons notre citation, car il nous répugne de reproduire la suite de cette composition si contraire à la vérité historique, si opposée au noble et pieux caractère de l'héroïne chrétienne et française. M. C. Delavigne a eu la malheureuse pensée de travestir la vierge de Vaucouleurs en virago de la halle. Malgré l'admiration de commande pour cette pièce stéréotypée dans tous les recueils de littérature, nous ne pouvons jamais y penser sans sourire de pitié en voyant la sublime poésie de l'histoire, remplacée par cette triviale et impie invention d'une Jeanne d'Arc aux allures soldatesques, montrant le poing aux Anglais, et mourant en invoquant ... son roi bien-aimé! Il y a bien plus de vraie poésie dans la prose du récit authentique qu'on peut lire dans la savante histoire de Jeanne d'Arc par M. *Le Brun de Charmettes*, tome 4, pages 211 et suivantes.

SUR L'AVEUGLEMENT DES HOMMES (1).

Ode tirée du psaume XLVIII.

Qu'aux accents de ma voix la terre se réveille !
Rois, soyez attentifs ; peuples, ouvrez l'oreille :
Que l'univers se taise, et m'écoute parler.
Mes chants vont seconder les accents de ma lyre ;
L'esprit saint me pénètre, il m'échauffe, il m'inspire
Les grandes vérités que je vais révéler.

L'homme en sa propre force a mis sa confiance.
Ivre de ses grandeurs et de son opulence,

(1) *Nous joignons aux Odes de J.-B. Rousseau quelques notes empruntées au commentaire de M. Amar.*

L'éclat de sa fortune enfle sa vanité.
Mais, ô moment terrible, ô jour épouvantable
Où la mort saisira ce fortuné coupable,
Tout chargé des liens de son iniquité. (1)

Que deviendront alors, répondez, grands du monde,
Que deviendront ces biens où votre espoir se fonde,
Et dont vous étalez l'orgueilleuse moisson (2)?
Sujets, amis, parents, tout deviendra stérile ;
Et, dans ce jour fatal, l'homme à l'homme inutile
Ne paiera point à Dieu le prix de sa rançon (3).

Justes, ne craignez point le vain pouvoir des hommes,
Quelque élevés qu'ils soient, ils sont ce que nous sommes :
Si vous êtes mortels, ils le sont comme vous.
Nous avons beau vanter nos grandeurs passagéres,
Il faut mêler sa cendre aux cendres de ses pères,
Et c'est le même Dieu qui nous jugera tous...

J.-B. Rousseau.

CONTRE LES HYPOCRITES.

Ode tirée du psaume LVII.

Si la loi du Seigneur vous touche (4),
Si le mensonge vous fait peur,
Si la justice en votre cœur
Règne aussi bien qu'en votre bouche ;
Parlez, fils des hommes, pourquoi
Faut-il qu'une haine farouche
Préside aux jugements que vous lancez sur moi ?

C'est vous de qui les mains impures
Trament le tissu détesté

---

(1) *Tout chargé des liens de son iniquité.* Ce n'est pas seulement une très-belle image : c'est une grande pensée morale, revêtue de tout ce que l'expression poétique a pu ajouter à son énergie.

(2) *Orgueilleuse moisson.* De pareilles épithètes, a dit un grand poëte, sont de bonnes fortunes en poésie.

(3) *Ne paiera point... le prix de sa rançon.* C'est l'expression même du roi-prophète : « Non, personne ne pourra payer la rançon de son âme. »

(4) *Si la loi du Seigneur vous touche,* etc. Cette strophe est un modèle de la manière dont il faut conduire la phrase poétique : la période est admirablement soutenue, les repos bien ménagés, pour l'oreille et pour le sens. Il faut remarquer aussi la belle expression des jugements *lancés*, au lieu de *portés*, qui eût été le mot du prosateur.

Qui fait trébucher l'équité (1)
Dans le piége des impostures ;
Lâches, aux cabales vendus,
Artisans de fourbes obscures,
Habiles seulement à noircir les vertus.

L'hypocrite, en fraudes fertile (2),
Dès l'enfance est pétri de fard ;
Il sait colorer avec art
Le fiel que sa bouche distille ;
Et la morsure du serpent
Est moins aiguë et moins subtile
Que le venin caché que sa langue répand.

Mais de ces langues diffamantes (3)
Dieu saura venger l'innocent.
Je le verrai, ce Dieu puissant
Foudroyer leurs têtes fumantes.
Il vaincra ces lions ardents,
Et dans leurs gueules écumantes
Il plongera sa main, et brisera leurs dents.

Ainsi que la vague rapide
D'un torrent qui roule à grand bruit
Se dissipe et s'évanouit
Dans le sein de la terre humide ;
Ou comme l'airain enflammé
Fait fondre la cire fluide
Qui bouillonne à l'aspect du brasier allumé (4);

(1) *Qui fait trébucher l'équité,*
   Dans le piége des impostures.
Cette image est pleine à la fois de sens et de justesse.
   (2) *L'hypocrite, en fraudes fertile,* etc.
Cette strophe rappelle les belles stances que Racine adresse aux rois, contre la calomnie, dans le chœur du IIIe acte d'Esther :
   « Rois, chassez la calomnie, etc.
   (3) *Mais de ces langues diffamantes,* etc.
Le Brun se récriait d'admiration devant cette ode, qu'il regardait comme *la mieux rimée,* peut-être, que l'on connût. C'est un mérite sans doute, surtout pour les vers lyriques, et c'est pour cela que nous en citons la majeure partie. Mais il y a encore autre chose d'admirable dans cette ode, c'est la richesse énergique de l'expression, c'est la vigueur du coloris et la force du pinceau :
   « Et dans leurs gueules écumantes
   Il plongera sa main, et brisera leurs dents. »
   (4) *Fait fondre la cire fluide*
      Qui bouillonne à l'aspect du brasier allumé.
Cette comparaison et la précédente, qui sont si bien dans le génie et dans

Ainsi leurs grandeurs éclipsées
S'anéantiront à nos yeux ;
Ainsi la justice des cieux
Confondra leurs lâches pensées.
Leurs dards deviendront impuissants,
Et de leurs pointes émoussées
Ne pénétreront plus le sein des innocents.

Avant que leurs tiges célèbres
Puissent pousser des rejetons ;
Eux-mêmes, tristes avortons
Seront cachés dans les ténèbres ;
Et leur sort deviendra pareil
Au sort de ces oiseaux funèbres (1)
Qui n'osent soutenir les regards du soleil.

Ceux qui verront cette vengeance
Pourront dire avec vérité
Que l'injustice et l'équité
Tour à tour ont leur récompense.
Et qu'il est un Dieu dans les cieux (2),
Dont le bras soutient l'innocence,
Et confond des méchants l'orgueil ambitieux.

J.-B. ROUSSEAU.

ODE A LA FORTUNE.

Fortune dont la main couronne
Les forfaits les plus inouïs,

le style de la Bible, ont été heureusement traduites par le poëte français. Les deux Racine, J.-B. Rousseau, et quelquefois Lefranc de Pompignan sont les seuls de nos poëtes qui aient puisé avec succès, à ces sources sacrées des grandes pensées et des beaux vers.

(1) *Au sort de ces oiseaux funèbres*, etc. *Funèbre*, pour *sinistre, de mauvais augure* : c'est l'effet pour la cause ; c'est le signe, pour la chose signifiée. Une épithète n'est vraiment riche, vraiment digne de la haute poésie, qu'autant qu'elle présente à la fois une idée, un trope et une image. Les grands poëtes ne les prodiguent pas.

(2) *Qu'il est un Dieu dans les Cieux ;* etc.
Ces derniers vers rappellent la leçon sublime adressée aux rois et qui termine si dignement le chef-d'œuvre d'Athalie :

« Apprenez..... et n'oubliez jamais :
Que les rois, dans le Ciel, ont un juge sévère,
L'innocence un vengeur, et l'orphelin un père. »

Du faux éclat qui t'environne
Serons-nous toujours éblouis ?
Jusques à quand, trompeuse idole,
D'un culte honteux et frivole
Honorerons-nous tes autels ?
Verra-t-on toujours tes caprices
Consacrés par les sacrifices
Et par l'hommage des mortels ?

Montrez-nous, guerriers magnanimes (1),
Votre vertu dans tout son jour,
Voyons comment vos cœurs sublimes
Du sort soutiendront le retour.
Tant que sa faveur vous seconde,
Vous êtes les maîtres du monde,
Votre gloire nous éblouit ;
Mais, au moindre revers funeste,
Le masque tombe, l'homme reste,
Et le héros s'évanouit.

(1) *Montrez-nous guerriers magnanimes,* etc. Cette strophe, pleine en général de mouvement et de chaleur, se termine par deux vers, devenus proverbes dans leur genre :

> Le masque tombe, l'homme reste,
> Et le héros s'évanouit.

La pensée et l'image sont, comme l'on sait, empruntées de Lucrèce *Eripitur persona ; manet res.* III, 58. Je ne sais, malgré tout le talent et le succès de l'imitation, si le monosyllable (*res*), qui termine le vers latin, n'est pas plus pittoresque encore que l'expression du poëte français. Dans l'un, le héros de théâtre tombe et disparaît aussi rapidement que le mot ; il n'en reste rien ; il ne *s'évanouit,* dans l'autre, que par gradations.

FIN.

Cambrai. — Typographie de LOUIS CARION, rue de Noyon, 11.

TABLE.

De l'étude de LA VERSIFICATION. Son utilité, ses agréments 5
Distinction importante entre la versification et la poésie. 11

DE LA POÉSIE CONSIDÉRÉE EN GÉNÉRAL 11
De la langue poétique 19

DE LA VERSIFICATION FRANÇAISE. Des syllabes 23
De l'e muet final (application au chant) 25
RÈGLES DE LA QUANTITÉ DES SYLLABES 27
De l'hiatus 31
De l'élision 33

DE LA MESURE DES VERS FRANÇAIS 36
De la césure....................................... 36
De l'enjambement 39
Du choix de la mesure des vers 41
Vers libres.. 43

DE LA RIME 47
De la succession et du mélange des rimes 51

DES LICENCES POÉTIQUES. Licences d'orthographe..... 54
Licences de grammaire............................. 55
Des mots poétiques 60
Du style marotique................................ 61

NOMBRE, CADENCE, RHYTHME...................... 62
De l'harmonie imitative............................ 67
Stances, strophes, couplets 74
Du choix et du mélange des stances 78

EXERCICES GRADUÉS............................. 82
Premier degré, (sujet et modèle d'exercice)........... 83
Deuxième degré................................... 98
Troisième degré 104

CITATIONS des morceaux ou fragments indiqués comme exemples. L'Ange et l'Enfant. 107.—Le Siècle Pastoral. 107. — Adieux de Gresset aux jésuites. 108. — Dithyrambe sur l'immortalité de l'âme. 109. — Bonaparte. 110. — Louis XVII. 111. — Mort de J.-B. Rousseau. 113. — Jeanne d'Arc. 114. — Sur l'Aveuglement des Hommes. 115. — Contre les Hypocrites. 116. — Ode à la Fortune. 118.

FIN DE LA TABLE.

BIBLIOTHÈQUE IMPÉRIALE IMPR.

RÉDACTIONS CORRIGÉES DES EXERCICES GRADUÉS
DE VERSIFICATION.

Cette brochure, pour les motifs exprimés à la page 82, n'est pas chez les libraires : elle sera expédiée *franco* par la poste aux personnes qui en feront la demande à l'auteur, en envoyant 80 centimes en timbres postes, dans une lettre affranchie à l'adresse de *M. l'abbé Auguste Carion, rue du Four-Saint-Germain, 39, à Paris.*

⎯⎯◆⎯⎯

EN VENTE :

ENSEIGNEMENT MÉTHODIQUE DE LA LOGIQUE OU L'ART DE PENSER APPLIQUÉ A LA LITTÉRATURE ET A LA CONDUITE DE LA VIE, *par M. l'abbé Auguste* CARION. *(3e édition).* Un volume in-12,... Prix : 1 fr. 50 c.

⎯⎯◆⎯⎯

Ces ouvrages sur la Versification et sur la Logique font partie d'une collection de classiques rédigés par M. l'abbé Auguste Carion, pendant 25 années d'enseignement. Les autres volumes paraîtront successivement. Voici le plan de cette collection, dont plusieurs volumes sont à leur 3e ou 4e édition, sans avoir été mis jusqu'ici dans le commerce.

1re SÉRIE. ENSEIGNEMENT MÉTHODIQUE DE L'HISTOIRE ET DE LA GÉOGRAPHIE, en 8 volumes : — 1. Introduction. — 2. Petite Histoire universelle sacrée et profane. — 3. Histoire et Géographie des peuples anciens. — 4. Histoire et Géographie du moyen-âge. — 5. Histoire et Géographie modernes. — 6. Histoire contemporaine. — 7. Histoire de France. — 8. Géographie contemporaine, physique, politique, industrielle, et agricole.

2e SÉRIE. ENSEIGNEMENT MÉTHODIQUE DES PRINCIPES DE L'ART DE PENSER ET D'ÉCRIRE, en 8 volumes : 1. Éléments de Grammaire générale, et Grammaire française. — 2. Études littéraires sur les mots et les pensées. — 3. de l'Arrangement, et de l'Enchaînement des pensées, style et composition. — 4. Versification française. — 5. Logique. — 6. Rhétorique et Éloquence. — 7. Littérature proprement dite, et Histoire littéraire. — 8. Notions sommaires sur les beaux arts, et règles du goût.

3e SÉRIE. ENSEIGNEMENT MÉTHODIQUE DES SCIENCES PHYSIQUES ET MATHÉMATIQUES. 1. Astronomie et Cosmographie. — 2. Physique et Chimie. — 3. Géologie et Minéralogie. — 4. Botanique, Agriculture. — 5. Physiologie humaine et hygiène. — 6. Zoologie. — 7. Arithmétique et Algèbre. — 8. Géométrie pratique.

www.ingramcontent.com/pod-product-compliance
Ingram Content Group UK Ltd.
Pitfield, Milton Keynes, MK11 3LW, UK
UKHW022050070726
13613UKWH00002B/759